청소년들의 진로와 직업 탐색을 위한
잡프러포즈 시리즈 46

수의사라서
행복한 수의사

청소년들의 진로와 직업 탐색을 위한 잡프러포즈 시리즈 46

수의사라서
행복한 수의사

김희진 지음

TALK SHOW

인간에게는 동물을 다스릴 권한이 있는 것이 아니라
모든 생명체를 지킬 의무가 있는 것이다.

- 제인 구달, Jane Goodall -

삶은 말하지 못하는 생명체들에게도 소중한 것이다.
사람이 행복을 원하고 고통을 두려워하며 생명을 원하는 것처럼
그들 역시 그러하다.

– 달라이 라마, Dalai Lama –

C·O·N·T·E·N·T·S

C·O·N·T·E·N·T·S

앞으로의 수의사 김희진

일러두기

규범 표기는 알레르기가 맞지만 이 책에서는 알러지로 표기했습니다.

수의사 김희진의
프러포즈

안녕하세요. 수의사를 꿈꾸는 친구들!

저는 오늘도 병원에서 바쁜 시간을 보내고 집에서 쉬고 있어요. 태어난 지 두 달밖에 되지 않은 귀여운 생명체에게 주사를 놓고 마음껏 예뻐해 줬고, 열세 살 할머니 강아지에게 남은 시간이 많지 않다는 것을 보호자에게 알려줬어요. 동물병원은 정말 희로애락이 공존하는 장소예요.

수의사는 동물을 사랑하는 사람에게는 더할 나위 없이 좋은 직업이에요. 동물을 위해서 해줄 수 있는 게 많고 수의사가 아니면 할 수 없는 게 많아요.

수의사의 일은 지루하지 않아요. 사람은 치과에서 치아를 치료받고, 내과에 가서 감기약을 처방받고, 정형외과에서 관절 수술을 받지만 동물은 동물병원에서 머리부터 꼬리 끝까지 치료받는 거예요. 그래서 수의사는 공부할게 많지만 재미있어요.

그리고 말을 하지 못하는 동물에게서 최대한 힌트를 얻어내 질병을 진단해야 해요. 탐정이 된 것처럼 어렵기도 하지만 제대로 진단하고 치료해서 건강해진 동물을 보면 얼마나 뿌듯한지 몰라요.

저는 어렸을 때부터 수의사를 꿈꿨던 사람이라 지금 수의사로 살아가는 게 꿈만 같고 행복해요.

지금부터 제 이야기를 들어 볼래요?

첫인사

 편 – 토크쇼 편집자

김 – 수의사 김희진

자기소개 부탁드려요.

편 안녕하세요? 동물을 좋아하는 많은 청소년들이 너무도 궁금해하는 수의사에 대해 모든 걸 알려주실 김희진 선생님과 긴 이야기 나눌 텐데요, 먼저 자기소개 부탁드려요.

김 안녕하세요. 저는 30대 초반의 수의사예요. 주로 개, 고양이를 치료하는 소동물 수의사죠. 건국대학교 수의과대학에서 6년 동안 공부했고 졸업해서 수의사 시험에 합격했어요. 임상 수의사로 일한 지 7년 차입니다.

수의사라는 꿈

편 언제 처음 수의사가 되고 싶다고 생각하셨어요?

김 전 여섯 살 때부터 장래희망이 수의사였어요. 동물을 너무 좋아해서 조금의 고민도 없이 '난 수의사가 될 거야!'라고 생각했죠. 그 후로도 당연히 그래야 하는 것처럼 수의사가 되기 위한 길을 걸어왔어요.

편 얼마나 동물을 사랑하셨을지 짐작이 가요.

김 그래서 저처럼 동물을 사랑하고, 아픈 동물에 가슴 아파하는 사람이라면 수의사를 추천해요.

편 저도 동물을 너무 사랑하고 또 두 마리나 키우고 있는데요, 오늘 그래서 더 재밌는 시간이 될 것 같아요. 의사가 되고 싶은 청소년들에게 또 동물을 사랑하는 사람들에게 도움이 되는 이야기 많이 나눠주시길 바랍니다.

수의사에 대한 모든 것

"
수의사,
우리 삶 곳곳에서
도움을 주는 사람들
"

수의사라는 직업에 대해 소개해 주세요.

편 수의사라는 직업에 대해 설명해 주세요.

김 일반적으로 알려진 수의사는 동물을 치료해 주는 사람이라고 얘기를 하잖아요. 하지만 그건 수의사를 너무 단편적으로만 보는 것이에요. 동물과 관련되어 있다면 어느 곳이든 수의사가 일할 수 있는 곳이 되죠. 수의사는 반려동물 외에도 소, 돼지, 닭 등 산업동물을 치료하기도 해요. 또 우리 식탁에 매일 올라오는 식용 고기나 우유와 관련된 일도 하기 때문에 일반적으로 알려진 우유 회사에는 수의사들이 꼭 고용되어 있고요. 그리고 동물 실험이 행해지는 화장품 및 다양한 회사에 소속되어 일할 수도 있고, 동물들이 먹는 사료 회사와 의약품을 개발하는 제약회사에서도 수의사를 필요로 하죠.

편 우유 회사나 제약 회사 또 동물 실험이 행해지는 회사에도 수의사가 있다고 하셨는데, 그 역할은 비슷한가요?

김 아니요. 완전히 달라요. 임상은 치료를 하는데 목적이 있지만, 우유 회사는 우유의 질을 검사하고 우유에 대한 다양한 연구를 하기 때문에 수의사를 의무적으로 채용해요. 그리고 도축장에도 수의사가 한 명씩 다 있어야 해요. 소들이 병에 걸려 있지 않은지 건강 상태를 체크하는 역할을 하는 거죠. 치료의 목적보다는 우리가 안전한 먹거리를 먹을 수 있도록 검사를 하는 목적이에요. 화장품 회사에서도 마찬가지예요. 직접 실험을 하기보다는 동물이 잘 살아갈 수 있는 환경을 위해 온도나 습도를 관리해 주고 동물이 윤리적으로 실험이 잘 되고 있는지도 감시하며 관리해요.

편 동물원에도 수의사가 있죠?

김 동물원에는 다양한 수의사들이 있어요. 동물을 치료하는 일 외에도 방역을 담당하거나 종을 보전하는 일, 질병을 연구하는 일, 새로운 동물을 데려오는 일 등 수의사가 해야 할 일이 많기 때문이에요. 그리고 동물원은 공기관이 많잖아요. 서울대공원은 서울시 공무원이라서 공무원 시험을 봐서 들어가요. 하지만 수의사의 비율이 높지는 않아요. 제가 서울대공원으로 실습을 갔었는데 수의사가 열 명 이하로 많지 않았어요. 돌봐야 하는 동물의 수에 비해서 수의사가 너무 적었죠. 지금은 제가 실습을 했던 2013년과는 달리 수의사의 인원도 더 많아지고 서울대공원이나 어린이대공원 같은 공공기관뿐 아니라 아쿠아리움, 사설 동물원도 많이 생겨서 수의사가 일할 곳이 많다고 해요.

서울대공원 동물원에서의 실습

수의사는 모든 동물을 다 진료할 수 있나요?

편 동물의 종류가 정말 다양한데, 수의사들은 모든 동물을 다 진료할 수 있나요?

김 수의사를 꿈꾸는 친구들이나 많은 사람들이 알고 있는 수의사는 개, 고양이를 치료하는 수의사일 거예요. 보통 수의사를 구분 지을 때, 소동물 수의사라고 하면 우리가 익히 아는 개나 고양이 수의사인 거예요. 많은 사람들이 키우지는 않지만 마니아층이 있는 햄스터나 기니피그 같은 설치류, 카멜레온이나 이구아나 같은 파충류, 그 외 토끼 같은 동물들을 모아서 특수동물로 분류해요. 특수동물의 치료를 전문으로 하는 특수동물 병원이 따로 있고요. 그 외 철새나 고라니 같은 야생동물을 치료하는 야생동물 수의사, 소, 돼지, 닭, 양, 오리 등 식육으로 사용하는 동물을 치료하는 산업동물 수의사도 있어요. 그리고 식육은 아니지만 산업과 관련된 경마장 말을 치료하는 수의사, 실험과 관련된 동물들을 관리하는 실험동물 수의사가 있어요.

이렇게 수의사는 여러 동물을 돌볼 수 있는데요. 수의사 법에 따르면 '수의사란 수의업무를 담당하는 사람으로서 농림축산식품

부장관의 면허를 받은 사람을 말한다.'라고 통칭하고, 그 뒤에 치료 대상인 동물을 얘기하는데 소, 말, 돼지, 양, 개, 토끼, 고양이, 조류鳥類, 수생동물水生動物이 써 있고 꿀벌이 있습니다. 꿀벌 또한 치료할 수 있는 동물로 등재되어 있는데요. 동물과 식물로 나누면 동물 안에 곤충이 들어가는데 꿀벌 외에 또 다른 곤충들은 사실 치료할 수 있는 게 마땅히 없어요.

🅟 정말 재밌네요. 꿀벌도 수의사가 치료해 주나요?

🅚 꿀벌은 저도 궁금해서 좀 찾아봤는데, 꿀벌 수의사가 한국에 두 명밖에 없어요. 그런데 그분들의 역할은 꿀벌 하나하나를 데려와서 수술해 주는 건 아니에요. 꿀벌은 떼로 키우기 때문에 군집 치료라고 해서 꿀벌들이 갑자기 전염병으로 다 죽거나 꿀이 충분히 생성이 안 될 때 원인을 파악하고 컨설팅을 해 주는 수의사예요. 이분이 서울에 꿀벌 동물병원을 차리셨는데, 제가 지나가면서 간판을 보고 너무 신기해서 찾아봤어요. 전국 출장을 다니면서 꿀을 가져와 연구소처럼 분석하는 병원이라고 하더라고요. 우리나라에 몇 분 안 계셔서 수의사한테도 생소한 분야이지만 꿀벌도 치료는 가능하답니다.

편 우리가 주변에서 보기 어려운 특수동물도 수의사들이 치료해 주나요?

김 보통 대동물, 소동물, 특수동물로 나누는데 이구아나, 카멜레온, 앵무새, 햄스터 같은 설치류 종류를 다 포함해서 특수동물이라고 얘기하고 특수동물 동물병원이 따로 있어요. 그런데 학교를 다니는 동안에는 접할 기회가 별로 없어서 학교를 졸업하고 난 후 특수동물을 다루는 병원에서 실습하면서 기술을 익혀요. 사실 한국에서는 특수동물 수의사들이 공부할 수 있는 곳이 많지 않으니까 외국으로 나가서 공부하더라고요. 그리고 물고기도 있어요. 물고기도 꿀벌처럼 군집 치료를 하는데요, 최근에는 수의학과 외에 수산질병관리사로 진학할 수 있는 학과가 생겼어요. 물고기 의사를 따로 만들어낸 거죠. 보통 양식장에서 관리해 주는 역할로 단체로 항생제를 처방해서 약을 주는 식으로 군집 치료를 하는 거예요.

동물에 따라 전공이 나뉘나요?

📖 동물에 따라 전공이 나뉘나요?

📗 현재 대학 과정에서는 세부 전공과목이 있지 않고 모두 공통된 과목을 배우는데, 학교마다 주력으로 가르치는 학문들은 조금씩 차이가 있어요. 공통으로 가르치는 학문들이 많지만 어느 대학은 한방 쪽 수의학을 더 가르치는 곳도 있고요. 제가 졸업한 건국대학교는 아예 배우지 않았거든요. 특히 강원대 쪽은 야생동물이 많으니까 야생동물 쪽으로 더 특화되어 있기도 하고요. 학교마다 조금씩 특성이 달라요. 강원도는 조류가 많을 거예요. 철원에 철새들이 날아다니니까요. 그리고 동물의 종류에 따라 분류될 수도 있고, 소동물 임상에서는 학문에 따라 세분화를 하기도 하는데 학교를 다니는 동안에는 전공을 나누지 않지만 대학을 졸업한 이후에 더 공부하기 위해서 대학원에 가거나 아니면 현장으로 가서 전문 선생님 밑에서 일을 하면서 배우는 경우가 있어요. 예를 들면 조류 보호소에 가서 일을 하면서 배우는 시스템이죠. 보통 대학원에서는 소동물 임상 중에 내과, 외과, 정형외과, 치과, 안과 이런 것들은 더 세분화해서 배울 수 있지만 그 외에 비임상이라고 하는 연구 과목

을 제외한 나머지 임상, 특히나 소, 돼지 같은 산업동물은 이미 일을 하고 있는 분 밑에 가서 꽤 오랫동안 일을 해야 하는 걸로 알고 있어요.

편. 수의학과에서는 어떤 과목들을 배우나요?

김. 학교에서는 치료 부분만 배우지는 않아요. 생각보다 비임상 쪽으로 가는 사람들이 많거든요. 인수 공통 전염병에 대한 학문도 배우고, 세균과 관련된 미생물학도 배우고, 기본적으로 바탕이 되는 생리학, 병리학, 조직학, 해부학도 배워요. 다 배운 후에는 내과, 외과도 배우고 중간중간에 수의 윤리학, 수의 영양학도 배우고요. 수의학과 졸업 후 진학할 수 있는 대학원의 경우, 사람 의학과는 다르게 전문의 제도가 아닌 석사, 박사로 운영해요.

수의사는 어떤 일을 하나요?

편 수의사는 어떤 일을 하나요?

김 비임상과 임상으로 나눠서 얘기해야 할 것 같은데, 먼저 비임상은 임상이 아닌 거라서 하는 일이 너무나 다양하고 생각보다 많은 사람들이 공무원 쪽에서 일하고 있어요.

편 수의사도 공무원이 될 수 있나요?

김 수의사의 직업 분포 중 공무원이 차지하는 비중이 2019년 기준 18.3퍼센트라고 해요. 공무원도 소속되어 있는 곳에 따라서 업무가 많이 달라요. 민원 업무를 담당하는 곳도 있고 검역 관련 업무를 볼 수도 있고 방역과도 관련이 있어서 조류 인플루엔자나 구제역 같은 게 터졌을 때 방지책을 마련하기도 하고 살처분을 담당하기도 해요. 수의사지만 공무원 시험을 봐서 수의 관련 업무를 보는 거죠. 공무원 외에 약품 회사나 사료 회사에서도 일할 수 있어요. 약품에 대한 연구를 하거나 영업을 하기도 하고요.

편 수의사는 동물을 치료하는 일만 하는 줄 알았는데 이야기를 들어보니 우리 생활 곳곳에 수의사의 역할이 아주 많네요.

김 네. 그렇죠. 일반적으로는 동물을 치료하는 임상 쪽으로 수의사들이 일을 많이 해요. 임상은 대동물, 소동물 그리고 수생동물로 나뉘는데요. 보통 임상 수의사는 진료를 보고 치료해 주는 업무를 해요. 동물이 어떤 질병에 걸렸을 때 왜 질병이 생겼는지 검사를 해서 진단을 내리고 치료를 하는 일이 임상 수의사의 일이에요.

언제 처음 수의사라는 직업이 생겼는지 궁금해요.

편 언제 어떻게 이 직업이 생겼는지 궁금해요.

김 저도 이 부분에 대한 지식이 없어서 찾아봤는데요. 어떻게 보면 2000여 년 전 인도에서 사람 의사보다 더 먼저 생겼을 것 같기도 해요. 조금 더 접근하기 쉽잖아요. 사람은 책임 소재가 훨씬 더 클 것이고 동물은 먹고사는 거와 관련이 있어서 필요했을 것 같아요. 인도 아소카 왕 시절에 동물보호법과 같이 동물만 진료하는 의사들의 기록이 있대요. 그런데 자세한 진료 기록은 존재하지 않고 정확하게 밝혀진 건 없어요. 그리고 11세기 이슬람권의 고양이 보호소에도 고양이 전문 의사가 있었다는 기록도 있대요. 현대적인 수의사는 19세기 유럽과 미국을 통해서 나왔다고 해요.

편 우리나라 최초의 수의사는 누구였을까요?

김 한국 최초의 수의사는 일제 강점기에 일본에서 유학하고 수의학을 배운 '이달빈'이라는 분이에요. 항일운동가였고 해방 이후에는 창경원 동물원장을 역임했어요. 또한 한국 마사회 창립에 공헌하고, 서울대학교 수의과대학 설립에 참여했다고 해요. 6.25전쟁 이후에는 제주도에 정착해서 제주대학교 수의학과에서 강의를 하며 수의사들을 육성했어요. 그러면서 제주의 말산업과 축산업 발전에 혼신의 노력을 하셨다고 해요.

외국의 수의사도 우리나라와 비슷한가요?

편 외국의 수의사는 우리나라와 비슷한가요?

김 외국의 수의사라고 하지만 대부분 미국 수의사에 대한 얘기를 많이 들었어요. 미국 수의사는 사람 병원처럼 전문의제도가 따로 있어서 전문의와 일반의의 구분이 뚜렷하게 있어요. 그리고 워낙 소송이 많은 나라다 보니까 수술은 수술 전문의가 와서 수술만 해 주고 가는 시스템도 잘 돼 있고요. 좀 특별하죠.

편 우리나라는 보통 미국 시스템을 많이 따라가지 않나요?

김 그렇죠. 열심히 따라가려고 하는 중인데 아무래도 일본의 영향도 많이 받았잖아요. 석사, 박사 시스템도 그렇고 수의사 같은 경우는 의사의 시스템을 따라가려는 방향성이 있어요. 그래서 전문의제도는 한국에서도 많이들 하고 싶어 해요. 대학들도 많이 변하려고 하고 있고요. 서울대학교는 많이 이룬 것 같아요. 미국수의사회(AVMA)에서 교육 인증을 받았고 대학 졸업 후 미국 수의사 국가고시를 응시할 수 있는 자격을 부여받았어요.

편 한국에서 수의사 생활을 하다가 미국으로 갔을 때는 어떤 게 필요한 거예요?

김 일단 우리나라 수의사 자격증이 있다는 전제하에 ECFVG와 PAVE가 있어요. ECFVG는 시험이 좀 더 많고 PAVE는 겹치는 시험이 있기는 하지만 주로 미국 수의학을 전공한 학생들과 같이 학교별로 돌아가면서 실습하는 프로그램이 있어요. ECFVG는 시험만 보고 미국 수의사 자격증을 따기 위해서 건너가는 거고, PAVE는 1~2년 실습을 하는데, 임시 비자가 나온다고 해요. 사실 미국 수의사가 되는 것 중 가장 핵심은 미국 비자를 받는 거예요. 비자 없이는 일을 할 수 없잖아요.

편 미국에서 수의사 자격증을 따면 당연히 비자가 나오는 건 줄 알았어요.

김 우리나라에서 사람들이 가는 병원의 간호사 자격증이 있는 사람이 미국으로 가서 일을 하면 비자가 나와요. 간호사는 미국에서도 일손이 부족하니까 비자가 잘 나오는 걸로 유명하거든요. 그런데 수의사는 부족하지 않아서 그런 것 같아요.

🖊 FAVE와 ECFVG는 어떤 시험을 보나요?

🔲 시험에 영어 능력 시험이 포함되는데 TOEFL로 대체하기도 하더라고요. ECFVG는 영어, 생물학, 실습 시험이 있어요. 대동물 실습도 하고 시험관 앞에서 수술을 한다거나 진료 보는 걸 앞에서 확인하는 실용적인 실습이 많이 포함되어 있어요. 그런데 PAVE에는 실습 시험이 없어요. 대신 로테이션을 돌면서 실습을 했으니까요. 그런 차이가 있고, 두 시험을 선택할 수 있는데 비용 차이가 꽤 많이 나요. 실습을 하면 거의 학비처럼 돈이 들거든요.

🖊 그렇군요. 시험을 보는 기간은요?

🔲 PAVE가 기간도 훨씬 더 길어요. ECFVG는 한 번에 통과한다는 전제하에 1년 안에 충분히 딴다고 했던 것 같아요. 그리고 나머지 언어 시험이나 생물학 시험은 한국에서도 하고 갈 수 있으니까 가서는 실습 시험만 봐도 되는 거죠.

🖊 시험을 보는 것만도 시간이 꽤 걸리네요?

🔲 보통 몇 개월을 잡고 가서 시험을 보는데 시험이 내가 원할 때 딱 맞춰서 있는 게 아니니까요. 그리고 일단 기본은 영어를 잘해야 하는데 사실 저는 영어가 부담돼서 포기했어요. 그렇게 시험을 봐

동물병원, 소 농장, 마사회에서의 실습

야지만 미국 수의대 졸업한 애들과 같은 자격이 주어지는 거예요. 그리고 네이블NAVLE이라는 미국 수의사 시험이 따로 있고요. 그 뒤에는 일하고 싶은 주에서 주 시험이 또 따로 있어요. 그렇게 다 보고 나면 그 주에서 일을 할 수 있어요. 미국은 수의대학이 아니라 대학원이거든요. 일반 생물학대학을 졸업하고 나서 대학원 과정이니까 미국에서 수의사가 되려면 오래 걸린다고 알고 있어요.

우리나라에서 수의사에 대한 수요는 많은가요?

편 우리나라에서 수의사 직업에 대한 전망은 어떤가요? 수의사에 대한 수요가 많은가요?

김 물론 수의사가 된다면 일할 수 있는 곳도 많고 수입도 어느 정도는 보장이 돼요. 지금은 수의사가 돼서 할 수 있는 일이 워낙 다양하니까 꼭 동물병원만 생각하지 않고 직접 사업을 하는 수의사도 많고요. 요즘 트렌드가 '수의사가 만드는 사료', '수의사가 고른 약'도 인기가 많잖아요. 자격증을 따고 사업을 구상하는 일도 많아요. 또 '수의사가 돌봅니다'라고 하면서 캣시터로 집에 가서 고양이를 돌봐주는 시스템이나 학생들이 집에 찾아가서 과외하는 것처럼 전문적으로 강아지와 시간을 보내주는 일도 있어요. 앞으로는 반려동물 시장이 더 전문화되고 고급화가 되기 때문에 여러 방면으로 전망이 좋다고 생각해요.

편 현재 시장의 규모를 어느 정도로 보나요?

김 2020년 한국 펫케어 시장 규모는 전년 대비 7.6퍼센트 늘어난 18억 2900만 달러(2조 1100억 원)를 기록했다고 해요. 2021년에는 19억 4700만 달러(2조 2510억 원)로 예상된다고 하고요. 펫케어의 카테고리는 펫푸드와 반려동물 용품이에요. 동물병원이 포함되진 않지만 관련성이 높다고 볼 수 있어요. 2020년 대한수의사회 발표에 의하면 임상 수의사의 총 수는 7,600여 명이고, 동물병원은 4,600여 개 있다고 해요.

미래에도 필요한 직업인가요?

편 미래에도 필요한 직업인가요?

김 미래에도 충분히 필요하다고 생각을 하는데요. 일단은 그냥 키우는 동물뿐만 아니라 사람들이 계속 음식을 먹고 산다면, 먹는 것과 동물은 관련이 많으니까요. 알약으로 음식을 대체하지 않고서는 먹는 식품에 동물이 빠질 수 없고 가깝게는 우리가 매일 마시는 우유를 생산하는데도 수의사가 꼭 필요하죠. 그리고 아이를 출산하는 대신 동물을 키우는 인구도 많아지기 때문에 의사만큼이나 필요한 직업이라고 생각해요.

편 정말 생각 못 했었는데 선생님 말씀을 들어보니까 수의사라는 직업에 대해 시야가 달라지는 것 같아요. 쉽게 반려동물들만 생각했었는데 우리 일상생활에서 너무도 중요한 부분을 많이 차지하고 있었네요.

김 맞아요. 우리의 기본적인 삶 깊은 곳에 수의사라는 직업이 들어와 있는 거죠.

편 우리가 식품이나 제품을 만드는 과정을 볼 수 없고 알 수 없는 시스템에서 살고 있어서 그런 것 같아요.

김 사실 아는 만큼 보이는 거고, 또 관심이 있어야 알 수 있는 거죠.

수의학에도 로봇 수술 시스템이 도입되나요?

편 일반 병원은 로봇 수술도 생기고 첨단 시스템이 많이 들어오잖아요. 동물 치료 쪽도 그런가요?

김 많이 들어와요. 일반적으로 의료 시스템이 계속 개발되고 있잖아요. 보통 미국에서 먼저 좋은 기계들을 들여와서 한국에서 적용을 하는데, 요즘에는 복강경을 이용해서 수술하는 게 흉터도 없고, 수술 후에 통증도 적어서 더 많이 발달되고 있어요. 그렇다고 상상하는 대로 자동으로 켜놓고 그냥 보고 있는 시스템이 있지는 않아요. 그리고 된다 해도 사람보다 훨씬 늦게 이루어질 것 같아요. 반려동물은 작으니까 훨씬 더 미세한 움직임이 필요해서 조금이라도 흐트러지거나 정밀하지 않으면 치료하기 어려운 경우도 많고 그래서 한계도 많아요. 그렇지만 의학에서 새로운 장비를 만들 때 동물로 먼저 실험을 할 것이고 동물을 먼저 적용하기 때문에 같이 발전할 수밖에 없는 학문이라고 생각해요.

편 만약에 AI 시스템이 있다면 '이런 부분은 분담이 될 것 같다' 이렇게 생각하는 게 있으세요?

김 지금도 조금씩 대체가 되고 있는 건 소변 검사 키트예요. 많이들 직접 소변을 묻혀서 검사하고 기록을 가지고 오세요. 결과를 휴대폰 앱으로 찍으면 바로 연동이 돼서 어떤 단백뇨나 당뇨가 있는지 결과가 나오고 이게 또 진료로 이어지는 경우도 많고요. 혈당 체크하는 기계도 있어요. 등에다 붙여서 반려동물도 혈당을 계속해서 체크할 수 있는 프로그램이에요. 사람 같은 경우는 심박수나 심전도를 확인하기 위해서 간단하게는 워치를 차거나 기계를 달고 검사를 하는 분들도 있거든요. 동물한테도 가능하기는 한데 일단 동물이 너무 작다 보니까 쉽지는 않아요. 얘들이 가만히 있지 않잖아요. 다 물어뜯거나 계속 털거나 하니까요. 그래서 현실적으로는 어려운 부분이 있지만 이론적으로는 가능하죠.

최근 병원에서 찍은 진료 보는 사진

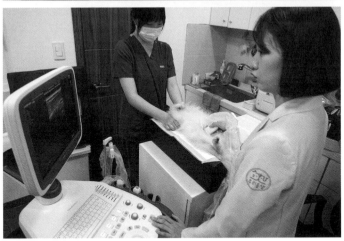

어린 시절 꿈이 궁금해요.

편 어렸을 때 꿈이 뭐였어요?

김 어렸을 때는 너무너무 동물을 키우고 싶어 했는데 어느 집이나 마찬가지로 부모님은 안 된다고 하셨죠. 그래서 길냥이를 쫓아다니거나 동물을 키우는 친구 집에 놀러 가서 하루 종일 강아지와 노는 동물을 좋아하는 아이였어요. 그리고 동물이라는 존재를 알고, 그 단어를 배우기 시작할 때인 여섯 살 때부터 꿈은 항상 수의사였던 것 같아요.

편 안 키워보셨는데 어떻게 동물을 이렇게 좋아할 수가 있죠?

김 너무 사랑스러운 존재잖아요. 숨만 쉬고 가만히 있어도 너무 예뻐서 그게 너무 좋았던 것 같아요. 늘 키우고 싶었고요. 그래서 어릴 때 햄스터를 키운 적은 있어요. 그때는 문방구에서 살 수 있는 시절이었거든요. 할아버지가 사촌언니와 오빠들에게 다 하나씩 사주셔서 햄스터를 한번 키웠던 기억이 있어요. 그리고 베란다에 붙어 있는 사마귀를 키웠던 적도 있어요. 저희 집이 16층이었는데 베란다에 붙어 있더라고요. 거기서 떨어지면 죽을 것 같아서 사마귀를 곤충 채집통에 넣고 잠자리나 파리를 잡아주면서 키웠어요.

그리고 저는 어릴 때부터 정말 잘 안 울었는데요, 꼭 동물 관련된 일에만 잘 울었어요. 고등학교 땐 김포공항 쪽에 살아서 주변에 농지나 논이 많았어요. 그래서 벌레도 많았는데 친구가 장난친다고 벌레를 잡아서 통에 가둬서 흔들고 괴롭히는 거예요. 그런데 저는 종교는 기독교지만 이유 없이 살생하는 걸 너무 싫어해서 하지 말라고 하면서 울었던 기억이 있어요. 사람이라서 자기가 힘이 있다는 이유로 말 못 하는 동물이나 곤충을 괴롭히는 걸 보는 게 너무 힘들었어요.

편 맞아요. 말할 줄 모른다고, 또 너무 작은 존재라 고통을 호소할 줄 모른다고 작은 곤충도 함부로 하는 건 정말 잘못된 거죠. 부모님도 동물 좋아하세요?

김 정말 안 좋아하세요. 일단 엄마는 집이 깨끗하지 않은 걸 싫어하시고, 강아지를 키우면 털 날리고 똥도 치워야 하고 본인의 업무가 당연히 많아질 거라 생각하셨겠죠. 그런데 외할머니는 동물을 잘 키우는 분이셨고 외할머니가 키우면 무조건 잘 번식하는 거예요. 한 번에 열 마리씩 새끼가 나오기도 하고요. 그래서 아기 때 사진 보면 할머니 집에서 토끼나 강아지랑 찍은 사진이 많아요. 네다

동물과 함께 한 어린 시절

섯 살쯤인 거 같아요.

편 부모님은 수의사가 되고 싶다고 했을 때 뭐라고 하셨어요?

김 10년 전에도 그랬지만 제가 수의사를 꿈꿀 때도 수의사는 유망 직종이었어요. 그래서 당연히 공부만 잘한다면 끝까지 일을 할 수 있고 굶어 죽지 않을 거라고 생각을 하셨던 거죠. 부모님은 굉장히 현실적인 분들이세요. 아빠는 완전히 이과고, 엄마도 생활력이 강하신 분이어서 먹고사는 문제를 가장 먼저 생각하셨기 때문에 제가 수의사가 된다고 했을 때는 두 분 다 너무 환영하셨죠. 또 수의사가 되려면 공부를 잘해야 했기 때문에 열심히 하라며 많이 응원해 주셨어요.

첫 반려동물에 대한 이야기 들려주세요.

편 처음으로 반려동물을 키웠던 때가 언제예요?

김 저에게 첫 번째 반려동물은 강아지 방울이에요. 이 강아지는 제가 수의사가 되고 싶다는 얘기를 엄마 아빠한테 많이 했고 동물을 너무 키우고 싶다고 해서 초등학교 고학년 때부터 키우기 시작했어요. 저희 고모가 키우던 강아지가 새끼를 낳아서 한 마리 받은 요크셔테리어였어요. 아직도 기억나요. 조그만 검은색 솜뭉치 같은 강아지였는데 너무 사랑스럽고 예뻤죠. 그날 세상을 다 가진 것만큼 행복했어요. 그 강아지가 저희 가족과 14년을 살고 갔어요. 그래서 추억이 굉장히 많아요. 어릴 때는 방울이 사진으로 사진첩이 온통 도배가 될 정도로 너무 예뻐했죠. 그런데 처음 키우는 거고 초등학생이었으니까 서툴러서 관리를 잘 못해줬어요. 중성화수술도 나중에 수의대에 들어가서 했을 정도로 지식이 없는 상태였죠. 그래서 병원에 오시는 보호자들이 '처음 키워서 잘 몰랐어요.' 하실 때면 너무 이해가 돼요.

📖 그래도 공부가 힘들 때마다 예쁜 방울이를 보면 힘이 났겠어요.

📖 그렇죠. 방울이를 보면서 '내가 호강시켜줄게. 수의사가 돼서 내가 널 책임질게.' 하면서 의지를 다졌죠. 그런데 방울이는 성격이 좋은 강아지는 아니었어요. 제가 그렇게 키운 거 같기도 해요. 밥을 주다가 손으로 막거나 장난을 치면 앙 물기도 하고요. 잘 짖고, 잘 물고, 으르렁거렸어요. 그리고 병치레를 자주 하지는 않았는데 제가 수의대 다닐 때 마지막에는 치매가 왔어요. 백내장도 조금 있었

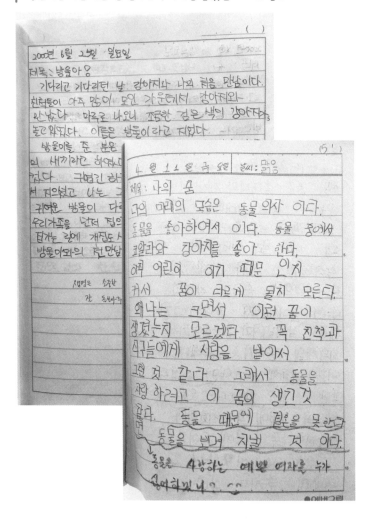

지만 시력을 잃은 가장 큰 이유는 지금 생각해 보면 인지기능장애(치매)였던 것 같아요.

시력이 좋지 않으니까 자꾸 부딪히고 식탐도 너무 강해져서 아무거나 먹고 양을 제한하지 못할 정도였는데, 어느 날은 사료 뚜껑이 열려 있었나 봐요. 그걸 모르고 제가 나갔다 들어왔는데 뒤뚱뒤뚱 걸으면서 배가 빵빵해져서 나오는 거예요. 너무 놀라서 얘를 데리고 바로 응급병원 의료센터로 갔어요. 그런데 그냥 일반적으로 배가 빵빵하다고 얘기했으면 됐는데 수의과대학 학생이니까 제가 잘 알지도 못하면서 배에 가스가 찼다고 한 거예요. 가스가 찼다는 건 응급 상황이거든요. 수의사 선생님도 저도 너무 놀라서 빨리 엑스레이를 찍었죠. 그런데 보니까 위 안에 밥이 가득 차 있는 거예요. 다행히 아주 위험한 상황은 아니었지만 일반적으로는 그렇게 먹지 못할 정도로 밥을 가득 채워 먹은 거죠.

편 오히려 알고 있는 게 많아서 더 놀라셨던 거네요.

김 속단한 거고, 제 강아지라서 침착하지 못했던 것 같아요.

편 그럼, 그때 방울이는 괜찮았어요?

김 그땐 그러고 넘어갔는데, 제가 수의대를 졸업하고 인턴 1년 차

방울이의 나이 들어가는 과정

로 근무를 하기 시작하면서 방울이를 병원에 데려와서 검진을 한 번 해줄 수 있었어요. 검진을 했는데 콩팥도 안 좋고 심장도 안 좋고 아주 안 좋은 상태였는데 치매가 있으니까 밥은 또 잘 먹는 거예요. 혈액 검사 상에서는 밥을 먹을 수 있는 상태가 아닌데도요. 심장이랑 신장이 둘 다 안 좋으면 사실 처치를 하기가 너무 어렵고 또 계속해서 케어가 필요한데 입원이 가능할 만한 상태가 아니었어요. 인지기능장애가 있으니까 계속 짖고 불안해하는 편이었거든요. 그래서 그 상태로 집에서 계속 돌보고 약을 먹이고 했는데 그리고 얼마 안 돼서 무지개다리를 건넜어요.

편 방울이를 보낼 때 정말 많이 힘드셨겠어요.

김 인지기능장애가 있는 상태에서 사망을 하면 기분이 되게 이상해요. 내가 알았던 얘의 모습이 아니거든요. 치매가 심하니까 어떤 약을 뿌려줘도 밥을 마구 먹는 거예요. 안 보이니까 앞에 있는 무언가가 다 먹을 거라고 생각을 하는지 만져줘도 손을 막 먹으려고 물어요. 더 이상 내가 알던 그 존재가 아니고 단순한 동물인 거죠. 나랑 교감했던 방울이의 모습이 전혀 없고 그냥 살아있는 생명체인거예요. 너무 낯설고 힘들었어요. 그런데 지금 생각해 보면 이때의 모습보다는 사랑스럽고 저와의 추억이 쌓였던 모습이 훨씬 더 많이 기억나더라고요. 또 어떻게 생각해 보면 의식이 별로 없는 상태에서 갔으니까 고통이 덜했을까 그런 생각도 해요.

편 그럼 강아지의 인지기능장애로 병원에 오는 보호자들은 선생님처럼 다 비슷한 일을 겪는 거네요.

김 맞아요. 치매가 걸린 상태라도 관리를 잘해 주면 그 상태로 계속 꾸준히 살아가기도 해요. 그런데 반려견이나 반려묘들이 인지를 못하고 아무거나 막 먹고 소변도 아무 데나 하면 많이 안타깝고 힘들긴 해요. 사실 생각보다 치매가 되게 많아요. 열네 살 이상에서는 80퍼센트가 인지기능장애를 갖는다고 얘기를 해요.

편 열네 살이면 사람 나이로 어느 정도 되나요?

김 강아지가 열네 살이면 사람 나이로 72세 정도라고 이야기해요. 강아지 두 살이 24세, 이후 1년에 4세씩 증가하니까 열네 살이면 72세 정도로 보면 맞아요. 요즘 아무리 수명이 길어졌다고 해도한 15년 정도 얘기하고요. 생각보다 짧죠. 많이들 우리 애는 스무살까지 키울 거라고 하지만 고비가 점점 더 자주 와요. 열두 살 이상만 돼도 고비가 찾아오는 경우가 많아요.

펫로스에 대해 조언해 주세요.

편 펫로스에 대한 이야기도 많잖아요. 반려동물이 사람보다 수명이 짧기 때문에 피할 수 없는 이별인데 선생님은 어떻게 극복을 하셨는지 그리고 펫로스에 대해 조언도 해 주세요.

김 결국에는 내가 계속 기억하면 방울이는 제 곁에 늘 있는 거더라고요. 그러니까 너무 생각하지 않으려고 애쓰거나 사용했던 물건이나 사진들을 치워버리지 않고 자연스럽게 생활하는 게 좋은 것 같아요. 사랑스러운 존재가 있었고 내가 생각하면 얘는 계속 나랑 같이 있는 거라고 생각한다거나 나도 갈 거니까 나중에 만나면 되지 이런 생각도 하고요. 너무 후회하지 않았으면 좋겠어요. 많이들 후회하시거든요. '뭘 더 해줄걸. 그때 내가 병원에 갔으면' 이렇게 얘기를 하시는데 동물 입장에서는 마지막까지 보호자가 곁에 있었고 자기를 바라봐 주는 눈빛이 어땠고 이런 게 훨씬 더 기억에 많이 남을 거예요.

편 함께 했던 동물을 먼저 보내는 일은 생각만 해도 너무 힘든 일인 것 같아요. 하지만 조금이라도 후회하지 않기 위해 함께 있는 시

간에 더 자주 눈 맞추고 함께 산책하고 많은 추억을 만들어야 할 것
같아요.

방울이와 함께 행복했던 시간

어린 시절의 가장 행복했던 기억은 뭐예요?

편 어린 시절의 가장 행복했던 기억은요?

김 제일 기억에 남는 건 첫 만남이에요. 그땐 정말 너무너무 설레고 내가 그렇게 바라던 동물을 키운다는 사실이 꿈만 같았어요. 내가 이 꿈틀거리는 귀여운 존재랑 같이 살게 되다니 너무 벅차고 믿어지지 않는 행복이었죠. 그래서 매 순간 강아지와 함께 하고 싶은 마음에 제가 너무 귀찮게 했던 것 같아요. 생각해 보면 항상 친구들한테 우리 집에 강아지 보러 가자고 그랬으니까요. 친구들을 데리고 와서 보여주고 안아보게 하고 지금 생각하면 미안하지만 그랬던 기억이 제일 행복했던 기억이죠.

편 반려동물을 키우는 사람이라면 꼭 있는 행복한 기억이죠.

김 네. 그리고 강아지 방울이를 보내고 난 후에 또 반려동물을 키웠어요. 제가 수의사가 된 후의 일이네요. 두 번째는 고양이였고 이름은 야옹 할 때 옹이에요. 이름은 엄마가 지었어요. 제 동생이 햄버거 매장에서 아르바이트를 할 때 밖에서 사람들이 흘린 너깃을 주워 먹고 있는 고양이를 구조해 왔어요. 큰 건물들이 많은 대로변이었는데 고양이가 있을 만한 공간이 아니었어요. 주변이 모두 찻길이고 공원이 많지 않아서 고양이한테는 위험한 곳이었죠. 그래서 고양이를 수건에 싸 가지고 데리고 왔더라고요. 그런데 하필 그날이 5월 8일 어버이날이라서 엄마 아빠가 더 싫어하셨던 기억이 나요.

어르신들은 고양이를 예쁜 동물이라고 생각하지 않잖아요. 한국에서는 기괴한 이미지로 상상하는 것들이 많죠. 그런데다 고양이도 너무나 공격적이었고 사람을 너무 싫어하는 거예요. 그래서 제 방 옷장 밑에서 한 달을 지냈어요. 한 달 동안은 얼굴을 안 보여주는 거예요. 밥을 놓으면 새벽에 몰래 나와서 밥만 먹고 다시 옷장 밑으로 들어가고요. 아기 고양이는 보통 어미의 성향을 닮는데 어미가 아마 사람들한테 그렇게 다정하지는 않았던 것 같아요. 한 달 동안 그러다가 처음 손길을 닿게 해줬을 때가 오랫동안 기억에 남아요. 한번 마음을 주고 나니까 완전히 주더라고요. 그래서 건드리기만 해도 골골대고 그르릉하고 그렇게 좋아하기 시작했어요. 완전히 모습이 바뀐 거죠. 전에는 보기만 해도 하악하고 얼굴을 볼 수 없을 정도였는데 갑자기 마음을 확 열어주니까 그게 정말 큰 감동이었어요.

편 마음 열기를 기다려준 보람이 있었네요.

김 네. 그런 애들은 자기 사람한테만 마음을 주거든요. 그래서 우리 가족한테만 마음을 주더라고요. 옹이는 길냥이다 보니까 한쪽 콩팥이 아예 기능을 못하는 상태였고 콩팥 하나로만 지내다가 올해 초에 신부전이 왔어요. 그런데 옹이가 협조적인 성격이 아니다 보니까 병원에서도 계속 힘들어했어요. 그래서 저는 고양이 보호자의 마음도 너무 이해해요. 얘가 병원에만 오면 사나워지고 덩치도 큰데다 공격하고 물고 화를 많이 내는 스타일이어서 치료도 쉽게 할 수는 없었거든요. 원래 이런 성향의 고양이들은 아무리 치료를 해줘도 나를 치료해 주거나 안 아프게 해 준다고 생각하지 않고 나한테 어떤 해를 가한다고 생각해요. 그 잠깐의 아픔도 너무 싫은 거예요. 자신을 공격한다고 생각하고요. 그래서 마지막까지도 힘들어하다가 얼마 전에 하늘나라로 갔어요.

편 그러셨군요. 많이 안타까우셨겠어요.

김 진짜 속이 타요. 이 약만 먹고 내가 시키는 대로 하면 사는데 왜 말을 안 듣는지 화도 나고 속도 상하죠. 첫 번째 방울이는 제가 막 수의사가 돼서 치료해 줄 수 있게 되었을 때는 이미 늦어서 떠났고, 성격이 너무 예민했던 고양이 옹이는 잘 치료해 줄 수 없어서

집에 온 지 얼마 안 된 용이

옹이 아픈 날, 수술받은 날

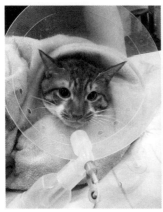

또 안타까웠어요. 수의사여도 다른 보호자들만큼 안타까운 일들이 많아요.

편 하지만 방울이도 옹이도 자신들이 얼마나 많은 사랑을 받았는지 충분히 알고 행복해하며 갔을 거예요.

김 네. 저도 그렇게 생각해요.

• 수의사가 되는 방법 •

" 공감 능력이
가장 중요한 자질이죠 "

수의사가 되려면 어떻게 해야 하나요?

📧 어떻게 하면 수의사가 될 수 있는지 자세히 알려주세요.

📧 수의사가 되려면 먼저 수의과대학에 가야 해요. 수의과대학 졸업자만 수의사 국가시험을 볼 수 있는 자격이 주어져요. 그리고 한국 대학뿐만 아니라 외국 대학도 인정을 해 주기는 해요. 그래서 간혹 동남아시아 국가에서 대학을 졸업하고 와서 시험을 보는 경우도 있어요.

수의과대학은 예과 2년, 본과 4년으로 총 6년제예요. 의사나 치과의사나 약사는 전문대학원이 있잖아요. 그런데 수의사는 아직 전문대학원 시스템은 없어요. 그리고 전국에 열 개의 대학이 있는데 건국대학교만 사립대고 나머지 아홉 개는 국립대학이에요. 서울에는 서울대학교와 건국대학교 두 곳이 있고, 나머지는 도마다 대학이 있어서 제주도까지 총 열 개의 대학이 있어요. 그래서 1년에 뽑는 인원수가 많은 편은 아니에요. 나머지 학교들은 보통 4~50명 뽑는 것 같고, 건국대학교는 80명 정도 뽑는데 매년 인원수가 조금씩 달라지기는 해요.

편 전체 다 해도 5~600명이네요.

김 네. 많지는 않아요. 그리고 수의과대학 졸업이 기본적인 과정인데 제때 졸업하는 것도 쉽지는 않아요. 중간중간에 유급을 당하는 사례들이 간혹 있는데 학점이 몇 점 이하거나 한 과목이라도 F를 받으면 무조건 1년은 유급을 해야 하는 상황이 생기기도 해요. 그렇다고 유급 인원이 많지는 않아요. 한 학년당 한 명이 나올 수도 있고 안 나올 수도 있고 아니면 다섯 명이 나오는 경우도 있어요.

수의과대학을 졸업해야 수의사 시험을 볼 수 있는 자격이 주어져요. 시험은 1년에 한 번 있고 국가에서 주관하는 시험이라서 한 시험장에 다 같이 모여서 시험을 봐요. 시험 과목도 다양하게 있는데요. 꼭 임상 과목만 있진 않아요. 공중보건학도 있고요. 배웠던 모든 과목 중에 임상의 주 과목이 아닌 윤리학이나 영양학을 제외하고는 대부분의 학문이 녹여 들어간 시험이라고 보면 돼요. 기초 학문이나 임상 학문이 다 들어가 있는 시험을 보고 동물도 구분 없이 보기 때문에 시험 기간에는 소의 폐가 몇 개인지 외우기도 하고요. 전과목 평균이 만점의 60퍼센트를 넘어야 하고 과목당 과락 기준은 40퍼센트예요. 필기로만 시험을 보고 자격이 주어져요.

학교 다니면서 실습을 많이 하지는 않아서 수의대를 졸업하고 현장에 나가서 바로 개원을 하는 건 불가능해요. 다른 병원에 들어가서 일하는 시간이 꼭 필요하고 일하는 동안 수술 기술이나 진료 경험을 쌓고 선배 수의사들에게 많은 걸 배우죠.

편 바로 개원하지 않고 경험을 쌓는 게 의무적인 건 아니네요?

김 의무적인 건 아니지만 다들 바로 병원을 차리지는 못해요. 그리고 제가 입학할 때부터 동물보호법이 강화되기 시작했어요. 그전에는 시장에서 강아지를 사 와서 실습을 하는 일이 많았다고 해요. 하지만 제가 학교 다닐 때부터는 꼭 기증받은 사체로만 실습을 할 수 있었어요. 그런데 예를 들어 중성화수술 실습을 하려면 보통 큰 대학병원에서 사체를 기부받아야 하니까 이미 중성화수술이 되어있는 사체로 실습을 해야 하는 사례도 있어요. 그러면 직접 해 보기는 어려운 상황들이 많죠. 그래서 카데바 모형으로 공부를 많이 해요. 그러니까 실습의 경험이 충분하지 않죠. 저는 개인적으로 선배 수의사들에게 많이 배우고 충분히 경험을 쌓은 다음에 개원하는 게 좋다고 생각해요.

편 학창 시절엔 수의사가 되기 위해 어떤 공부를 하면 좋아요?

김 수의사가 되기 위해 따로 어떤 공부를 하는 건 사실 의미가 없어요. 수의학과에 합격하는 게 첫 번째 과제니까요. 대학 입시 준비를 잘해야 해요. 그런데 저는 동물에 관심이 많아서 혼자 노트를 만들었어요. 지금도 그 노트가 있는데, 제가 뭘 정리하는 걸 좋아하는 성격이에요. 그래서 국사 같은 암기 시험을 볼 때도 전지에다 싹 정리를 해서 붙여놓고 가르치듯이 공부하는 걸 좋아했던 것 같아요. 남들이 보기에 '이렇게까지 정리를 했단 말이야?' 할 정도로 필기하는 걸 좋아하고 펜도 색깔별로 바꿔가면서 필기하는 스타일이거든요. 그렇게 노트를 만들어 놓으면 친구들이 정리가 잘 됐다면서 복사해 가곤 했어요. 대학 다닐 때도 그랬어요. 제가 정리한 책을 가지고 자꾸 복사를 해달라고 하니까 학교 복사실 직원분이 이럴 거면 한꺼번에 하라고 할 정도였거든요. 그래서 중고등학교 때는 취미로 도서관에서 수의학에 관련된 책을 찾아서 동물의 혈액형도 쓰고 강아지와 고양이를 나눠서 예쁘게 꾸미기도 했죠. 그런데 사실 그게 크게 도움이 되진 않아요. 물론 내 꿈을 더 다지고 새

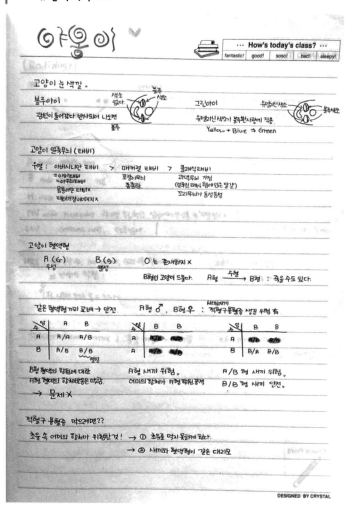

고3 때 쓴 수의학 노트

야옹이 ♥

··· How's today's class? ···
| fantastic! | good! | soso! | bad! | sleepy! |

(radial cat?)

고양이 눈 색깔.

블루아이 / 색소 없다. / 블루 색깔.

그린아이 / 유멜라닌색소

광선이 들어갔다 반사되어 나오면 → 블루

유멜라닌색소가 불규칙하게사방에 작용.
Yellow + Blue ⇒ Green

고양이 얼룩무늬 (태비)

유형: 아비시니안 태비 > 매커럴 태비 > 클래식태비
  = 이상태비
  = 아구티태비
  몸통에는 태비X
  꼬리가 걸이어디지X

포겐이무늬
좁좁함

과녁무늬 가짐
(얼룩진 태비 팀에서는 달걀)
꼬리무늬가 동성동성

고양이 혈액형

A (G)
우성

B (g)
열성

O는 존재하지 X

B형인 고양이 드물다.

A형 ──수혈──→ B형 : 죽을 수도 있다.

같은 형액형끼리 교배 → 안전

A형 ♂, B형우 : 신생아(아기) 적형구용혈증 생길 위험 有

숳암	A	B
A	A/A	A/B
B	A/B	B/B 열성

숳	B	B
A	A/B	A/B
A	A/B	A/B

숳	B	B
A	A/B	A/B
B	B/A	B/B

B형 혈액의 항원에 대한
A형 혈액의 항체반응은 약함.
→ 문제 X

A형 새끼 위험,
어미의 항체가 A형 항원공격

A/B형 새끼 위험,
B/B형 새끼 안전.

적형구 용혈증 막으려면??

초유속 어미의 항체가 위험한것! → ① 초유를 먹지 못하게 한다.

→ ② 새끼와 혈액형이 같은 대리모

DESIGNED BY CRYSTAL

롭게 재미있는 분야의 책을 보고 마음이 설레는 건 좋지만 결국에는 가장 먼저 공부를 많이 하고, 수능 준비를 열심히 해야 하죠.

특별히 잘해야 하는 과목이 있나요?

편 수의대에 가려면 수학과 과학은 기본적으로 잘 해야 할 것 같아요.

김 맞아요. 수학이나 과학은 거의 다 맞거나 1등급을 받는 과목이에요. 그리고 수의대에 와서 많이 힘들어하고 공부하기 너무 벅차다고 얘기하는 게 언어예요. 해부 구조에 따라서 하나하나 다 영어로 명칭을 외우는데 너무 낯설더라고요. 일반적으로 우리가 수능 영어에서 배우는 영어의 수준이 아니고 다 학문명이라서 주술을 외우듯이 하거든요. 난생처음 보는 단어라서 제일 힘들고 또 그걸 익히기 위해서는 시험밖에 없으니까 매일 시험이었어요. 그게 본과 1~2학년 때 배우거든요. 해부학을 처음 배우기 시작하면 멘붕이 오는 거예요. 그 이름을 다 영어로도 익혀야 하거든요. 그래서 평소에 언어에 대해 조금 더 관심을 갖고 있으면 수의학과에서 공부하기 훨씬 좋아요.

편 수학도 해야 하는데 영어도 해야 하네요.

김 오히려 들어갈 때 입문 과정에는 수학이 필요하지만 막상 들어와서는 수학이라는 학문을 많이 쓰지는 않거든요. 가끔 벡터 값을 구하거나 할 수는 있는데 그게 꼭 수학적인 능력이 필요하기보다는 결국에는 계산기를 어떻게 사용하느냐의 문제라서 문과 쪽의 공부가 조금 더 필요한 상황들이 많더라고요. 그리고 기본적으로 학문은 원서가 많아서 영어를 익숙하게 알고 있으면 훨씬 더 공부하기가 수월해요. 영어 능력이 충분하지 않은 친구들은 원서가 아니라 번역본을 사서 쓰거든요. 그런데 아무래도 원서와 번역본의 차이가 있어요. 번역기를 돌린 것처럼 한글인데 한글이 아닌 것 같은 책들이 많아서 원서로 공부하는 게 제일 좋아요. 영어 능력이 있으면 원서를 읽기 훨씬 수월하죠. 예를 들어서 시험 범위를 한 번 읽는데 영어가 부족해서 일일이 단어를 찾아야 하면 공부하기가 힘들죠. 그래서 다른 것보다 언어 능력을 많이 키우고 오는 게 좋고요. 그리고 요즘에는 문해력이라고 얘기를 하잖아요. 읽었을 때 이해하는 능력이 있어야 공부가 가능해요. 워낙 공부해야 하는 양도 많고 시험도 많거든요.

📘 요즘엔 영어와 말씀하신 문해력이 많이 중요한 것 같아요. 어느 분야든 영어의 비중이 높아지고 문해력이 떨어지면 불편한 점이 너무 많으니까요. 선생님은 책 많이 읽고 좋아하셨나요?

김 저희 엄마가 애를 많이 쓰셨어요. 엄마가 전집을 사다 놓으셨어요. 그런데 그렇게 책이 많으면 사실 읽고 싶지 않잖아요. 세계문학전집이나 한국문학전집은 글씨도 작고 읽기 좋은 구성은 아니에요. 그래도 세계문학은 비교적 접근하기가 쉬워서 한참 빠졌을 때는 많이 읽었어요. 물론 그전에 워낙 만화책을 좋아해서 많이 읽었는데 그게 문해력에 도움이 되더라고요. 글밥이 많은 만화책을 읽으면 쏙쏙 눈에 들어와서 많이 읽었더니 지금도 속독이 좀 가능해요. 속독을 배우진 않았는데 읽다 보니까 읽혔어요. 관심 있는 책은 더 빨리 읽고요. 재미있는 소설을 읽으면 장편이라고 해도 서너 시간이면 다 읽는 거예요. 소설가인 남편에게 이런 얘기를 하면 너무 슬퍼요. 이 책을 쓰기 위해 적어도 1년 이상을 노력했을 텐데 제가 서너 시간 만에 다 읽어버리니까 너무 허무한 거죠. 그래서 남편을 만나고 난 이후로는 의식적으로 문장을 더 음미하려고 노력을 하죠.

편 문해력이 중요하다고 하셨는데 사실 공부 양이 워낙 많고 생소한 학문이면 일단 다 암기해야 하는 거 아니에요? 학교 다닐 때 선생님들이 '잘 이해 안 되면 외워!' 이렇게 많이들 말씀하시잖아요.

김 왜냐면 설명하기 위해서 외우는 거잖아요. 그리고 공부를 더 하려고 외우는 거라서 그냥 외우기만 해서는 나중에 시험뿐만 아니라 실제 수술하고 진료하는데 대입이 잘 안 돼요. 이해도 꼭 같이 가야 돼요.

편 학생들이 문해력에 대한 관심을 가지고 그 실력도 키워야 나중에 공부하는 데 더 도움이 되겠네요.

김 생각보다 문과적인 영역이 바탕으로 많이 깔려 있어야 공부하기가 수월해요. 결국에는 수의사라는 일 자체가 말을 많이 하는 직업이고 상대방을 이해시켜야 하기 때문에 내가 이해해야 남을 이해시킬 수 있잖아요. 그래서 그런 능력이 필요한 거죠.

수의사가 되기 위해 유학이 필요한가요?

 영어공부에 대해 많이 말씀해 주셨는데 수의사가 되기 위해 유학도 필요한가요?

 유학이 필수적이지는 않아요. 유학이라기보다 학교 다니다가 방학 때 인턴십이나 익스턴십으로 외국 대학에 가서 실습을 할 수 있는 기회가 제법 있어요. 지금은 코로나 때문에 많이 막혔겠지만 생각보다 대학생 신분으로 참여할 수 있는 게 많아요. 특히나 워크숍이나 레퍼런스가 열리면 학생 참여비가 훨씬 싸요. 그래서 학생 신분으로 외국에 나가서 체험해 보면 너무 재미있고 좋죠. 돈을 지불하지 않고도 실습에 참여할 수도 있으니까 거기서 지낼 수 있는 체류비만 있으면 얼마든지 실습을 하고 시간을 보낼 수 있어요. 이때 외국어 능력이 있으면 훨씬 더 많은 체험을 해볼 수 있겠죠.

그리고 졸업 후에 유학을 가는 케이스도 제법 있는데요. 전문의 자격 보드를 따려고 가는 분들도 있어요. 보드는 외국 수의사 면허증이 없어도 딸 수 있어요. 예를 들어 심장 전문의를 한다면 그 대학에 가서 입학시험을 통과하고 석사, 박사를 하듯이 쭉 공부하면서 결국에는 그 자격까지 따는 거죠. 그런데 수의사 자격시험 없이 전문의만 따서 활동할 수도 있다고 해요. 물론 그러면 병원을 개원할 수는 없지만요. 그래서 아주 많지는 않아요. 심장 전문이 한명, 응급 전문의 한 명 이렇게 있다는 얘기를 들었어요. 공부가 엄청 힘들어서 미국인들도 따기 어렵거든요. 우리나라 같은 경우는 만약에 공부하고 한국으로 들어오면 대학병원 같은 곳에 교수님이될 수 있겠죠.

어떤 자질을 갖추어야 할까요?

편 수의사가 되려면 어떤 자질을 갖추어야 할까요?

김 일단 제일 중요한 건 기본적으로 인품 쪽으로 얘기하면 공감 능력이에요. 다른 어떤 것보다 공감 능력이 필요한 것 같아요. 아무리 똑똑하고 능력이 있다고 하더라도 공감하지 못하면 동물을 생명체가 아니라 그냥 수단으로 볼 수도 있기 때문에 동물을 가족처럼 생각하는 분들이 수의사가 됐으면 좋겠어요. 그래서 공감 능력이 아주 중요하다고 생각해요.

편 어떤 성격을 가진 사람들이 하면 너무 잘 맞고 좋을까요? 수의사라는 직업이 적성에 안 맞는 사람도 있을 것 같아요.

김 보통 제일 곤란하다고 생각하는 거는 말을 잘 못하는 분들이에요. 간혹 병원에서 사람을 뽑을 때 면접을 보는데 눈을 못 마주치는 거예요. 대화를 나눠야 하는데 상대방을 보지 못하죠. 그러면 진료를 보기가 아주 곤란해요. 왜냐하면 사람들이랑 계속 대화를 해야 하고 특히나 보호자의 얘기를 듣는 게 너무 중요한 직업이에요. 동물들은 말을 못 하기 때문에 보호자와 의사소통이 자유로워야지만 많은 정보를 얻어낼 수 있어요. 진료를 하는데 아주 중요한 부분이죠. 신뢰도에도 영향을 미치고요. 수의학과 다닐 때도 그런 친구들을 제법 보기는 했어요. 그런 친구들은 연구를 해야죠. 연구 쪽은 잘 맞을 수도 있으니까요. 수의사가 필요한 국가기관에 공무원으로 가기도 하고 기관이나 기업에 연구직으로 가기도 하고요.

편 정말 중요하네요. 사람 병원도 설명을 많이 해 주는 분에게 의지하고 싶잖아요.

김 맞아요. 정말 중요하죠. 저희는 동물뿐만 아니라 보호자도 저희가 심리적으로 도와드린다고 생각해요.

예를 들어 신부전에 걸린 노견을 돌보는 보호자를 생각해 보면, 하루 종일 강아지 옆에서 많이 고생하거든요. 질병이 상당히 진행된 환자는 식욕도 없어서 하루에 세 번 이상 강제로 밥을 먹이고, 먹여야 하는 약이 최소 세 종류에 하루 두 번씩 먹여야 하고, 약의 성분이 다른 약의 흡수를 방해할 수 있어서 각각 한 시간 이상 간격을 두고 약을 먹여야 해요.

말 그대로 밥과 약을 하루 종일 먹이는 거예요. 그렇게 관리를 한다고 해도 시간이 지나면 강아지의 상태는 점점 안 좋아지고, 그렇게 돌보는 것에 지쳐 어떨 때는 그만두고 싶을 수도 있어요. 또 그런 생각에 죄책감을 느끼기도 하죠. 그럴 때 도움이 되는 많은 이야기를 해드리려고 해요. 병에 걸려 아픈 강아지도 그렇지만, 돌보는 보호자의 마음도 헤아려야 하는 것이 수의사예요.

간단하게 알아보는 수의사 적성검사

아니다 0점 / 약간 그렇다 1점 / 매우 그렇다 2점

① 강아지, 고양이, 말, 소, 돼지, 토끼, 햄스터 등 어떤 동물이든 좋아하는 동물이 있다.

② 피를 보는 게 무섭지 않다.

③ 체력이 좋은 편이다. (수의학과 1~2학년 때는 공부량이 많아 밤새 공부하고 시험 보는 경우가 많다.)

④ 다른 사람에게 내 의견을 전달하는 게 어렵지 않다.

⑤ 공감 능력이 있다. (동물의 편에 서줄 사람이 필요하다.)

⑥ 눈치가 빠르다. (질병의 진단에 유용할 수 있다.)

⑦ 기억력이 좋다.

⑧ 손이 꼼꼼한 편이다.

⑨ 스트레스를 잘 푸는 편이다. (감정노동이 많으며 우울증이 오기 쉬운 직업이다.)

⑩ 작은 것에도 잘 기뻐한다.

결과

15점 이상: 수의사에 잘 맞습니다. 10~15점: 조금 더 고민해 봐요!
10점 이하: 다른 꿈도 추천합니다.

인생에 도움을 준 멘토가 있으신가요?

📝 수의사라는 직업을 향해 달려오는 동안 도움을 준 멘토가 있으세요?

📝 일단 저는 제 주변의 모든 사람들이 좋은 영향이든 나쁜 영향이든 저한테 영향을 줬다고 생각해요. 선택하지 않게 영향을 줄 수도 있고 꼭 선택을 하게 긍정적인 영향을 줬을 수도 있는데, 일하면서 만난 수의사들 대부분이 어떤 식으로든 제 방향을 잡아 나가게 만들어 주신 것 같아요.

일단 인턴으로 일할 때는 제가 아직 부족하다고 생각을 하게끔 하는 분이 있어서 더 공부하고 싶다는 생각이 들게 했어요. 인턴 때 저희 병원이 좀 특이했는데, 다른 병원이랑 다르게 인턴을 많이 뽑았어요. 6~7명을 뽑아서 인턴들을 교육했고 교육이 또 너무 잘 돼 있었어요. 2주에 한 번씩 쪽지시험을 보기도 하고, 선생님들이 돌아가면서 가르쳐주고, 가르쳐준 공부를 토대로 또 시험을 보고 이런 식으로 기본적인 훈련을 잘 받았던 것 같아요. 그때 임상에 대해 열정적으로 가르쳐주셨던 분도 있었고, 까칠하지만 유능해서 진단을 잘 내리시고 좋은 본보기가 되어주셨던 분도 있었어요. 저희가 질문하면 직접 알아 오라고 채찍질하는 분도 있었고요. 저한 테는 도움도 많이 됐고 좋은 영향을 주셨던 것 같아요.

그 후에 건국대학교에 내과 교수님 밑으로 들어갔는데 그때 제가 바라보고 들어갔던 교수님이 너무 좋은 분이셨어요. 지금 생각해도 또 그런 분이 없다고 생각해요. 굉장히 똑똑하고 능력이 좋아서 SCI 논문을 1년에 몇 편씩 쓸 정도로 굉장히 유능하신데도 성품이 너무 좋으신 거예요. 저희한테 화를 내거나 짜증을 낸 적이 한 번도 없었어요. 지금 생각하면 저희가 되게 답답했을 거예요. 다 1년 차고 연차가 쌓이지 않아서 하나부터 열까지 가르쳐야 하는데 쉬는 날에도 나와서 가르쳐주셨죠. 저희가 쉬는 날에도 교수님한테 매번 연락해서 어떻게 해야 되냐고 다 물어볼 정도로 교수님을 귀찮게 했는데도 한 번도 화를 내신 적이 없고 친절하게 다 대답해 주셨어요.

편 사실 쉽지 않은 일인데 대단한 분이시네요. 그런데 대학 가기 전에도 도움을 주셨던 분들이 계셨을 것 같아요.

김 학교 다닐 때도 선생님들과 친분이 두터웠어요. 중고등학교 때 수업 시간에는 졸았던 적이 없어요. 앞자리 앉는 걸 좋아해서 앞자리에서 눈을 크게 뜨고 고개를 계속 끄덕이면서 수업을 들었죠.

선생님이 거의 저만 보면서 수업을 할 때도 많았어요. 그래서 선생님들이 좋아해 주셨어요. 또 제가 성적이 잘 나와서 정말 잘 되기를 바라셨어요. 학교에서는 자고 학원에서 공부 열심히 해서 시험 1등 하는 친구들도 있었거든요. 학교 공교육을 열심히 하는 제가 잘 됐으면 좋겠다고 생각하셨던 거죠. 한 번은 제가 국어가 좀 부족했는데 국어 선생님이 출판사에서 제공받은 문제집들이 많다고 하시면서 저한테 주시기도 했어요. 그러면서 '여기서부터 여기까지 풀어오고 확인받아라.' 이런 식으로 공부도 봐주셨죠.

편 누구도 예뻐하지 않을 수 없는 학생이셨네요.

감명 깊었던 영화나 책이 있나요?

편 직업관을 형성하는 데 도움이 된 책이나 영화가 있을까요?

김 사실 영화나 이런 데서 비치는 수의사의 모습을 좋아하진 않아요. 너무 포장된 것도 있고요. 현실과는 전혀 다르고 괜히 로망만 심어주는 것 같더라고요. 그런데 제인 구달 선생님은 많은 분들에게 좋은 영향을 끼치시잖아요. 저도 그분에 대한 책을 읽으면서 많이 감동받았어요.

편 너무 멋진 분이시죠.

김 네. 저는 사실 어떤 책이나 영화의 내용보다는 감정이나 느낌 같은 게 훨씬 더 영향을 준다고 생각해서 마음이 따뜻해지는 영화를 좋아했어요. 예를 들어 〈포레스트 검프〉 같은 영화를 보면 내가 영화에 나오는 저 사람은 아니지만 왠지 모르게 감정 이입이 되면서 희망을 갖게 되고 가슴이 벅차거든요.

편 공감 능력이 너무 좋으셔서 그런 것 같아요.

김 맞아요. 저도 그런 것 같아요. 타인에 대한 공감이 되는 이야기, 영화, 책 등을 좋아해요.

편 그럼 동물에 대해 잘 접근했다거나 하는 작품이 있을까요?

김 제 직업과 관련해서 구체적으로 본 건 『수의사가 말하는 수의사』라는 책이었어요. 지금도 그 책 내용이 가끔 생각나거든요. 대부분 수의사가 되고 싶다고 하면 수의사에 관한 책 한 권은 사잖아요. 그런데 수의사에 관한 책이 많지 않았어요. 그중에서도 그 책은 여러 사람들의 인터뷰가 들어 있어서 좋았어요. 동물원 수의사, 일반 임상 수의사, 연구진이 나오는 책이라서 많이 참고했고요. 1권만 있었는데 2권도 나왔어요. 이전보다 더 다양한 수의사의 모습을 볼 수 있고, 수의학과 졸업 후 어느 방면으로 진로를 정할지 고민할 때 도움이 될 수 있을 것 같아요.

편 영화나 드라마에 나오는 수의사라는 직업은 너무 미화된 게 많군요.

김 그렇죠.

편 그럼 현실적으로 수의사라는 직업에 대해 알고 싶다면 어떤 방법이 있을까요? 예를 들어 학생 때 동물병원이나, 유기견보호센터 같은 곳에 자원봉사를 자주 가는 것도 도움이 될까요?

김 현실적으로 알 수 있는 가장 좋은 방법은 동물병원에 하루 종일 앉아있어 보는 거예요. 자주 방문하는 동물병원이 있거나 수의사 선생님과 충분히 친해진 사이라면 동물병원에서 지켜보고 상상해 보는 것이 제일 좋은 방법일 것 같아요. 생각보다는 너무 한가할 수도 있고, 너무 바쁘고 힘들어 보일 수도 있을 거예요. 어떤 상황이든 내가 감당할 수 있는 것인지 보고 느끼는 게 의미 있을 것 같아요.

• 수의사의 세계 •

"
고양이 알러지가 있어도
동물을 사랑한다면
"

현재 근무하는 병원에 오기까지
어떤 이직 과정이 있으셨어요?

[편] 대학 졸업 후에 현재 우리동생 동물병원에서 일하게 되기까지 어떤 이직 과정이 있으셨나요?

[김] 졸업 후에 수의사 자격 국가고시를 통과하고 자격증을 취득한 이후에 이리온 동물병원이라고 하는 24시 동물병원에서 1년 동안 인턴 생활을 했어요. 그리고 건국대학교 부속 동물병원 내과에 김정현 교수님이 새로 취임하셔서 그 밑에서 1년을 일했고요. 그 이후에는 갑작스럽게 1년 동안 출산과 육아를 하고 현재 근무하고 있는 우리동생 동물병원으로 오게 되었어요.

건국대 동물병원 근무

수의사가 되면 어디에서 일을 하나요?

편 수의사가 되면 보통 어디에서 일을 하나요?

김 매우 다양한데요. 임상에서는 소동물 임상이라고 얘기하는 강아지, 고양이를 치료하는 동물병원에서 일하는 게 일반적이에요. 동물병원의 규모도 1차, 2차, 3차 이런 식으로 나눠서 아주 작은 동물병원에서 일할 수도 있고 아니면 과가 분과된 대학병원이나 24시 동물병원에서 일을 하기도 해요.

보통 사람 의학에서는 병상의 수, 입원 가능 여부에 따라 분류하는데 수의학은 1, 2, 3차 병원 구분이 명확하게 법제화되어 있지 않아요. 통상적으로 1차는 작은 규모의 동물병원을 이야기하고 대부분이 24시간 운영이 아니며 휴일이 있는 병원이에요. 3차 동물병원은 대학동물병원을 통칭하고요. 2차 동물병원은 1차와 3차 사이에 있는 병원으로 병원의 규모가 크고 24시간 운영이 되며 CT, MRI 등의 전문적인 장비를 둔 병원이에요.

수의사의 직급 체계도 궁금해요.

편 수의사라는 직업에도 직급 체계가 있나요?

김 수의과대학을 졸업한 후 병원에 취업하면 처음에는 인턴 수의사로 1~2년 정도 일을 배우면서 근무하게 돼요. 학교에서는 보호자를 만나서 어떻게 질문을 해야 하는지, 강아지 피를 어떻게 뽑는지, 고양이 혈압은 어떻게 재는지 실습을 해 볼 기회가 많지 않아요. 인턴으로 근무하면서 이것저것 배우는 거예요.

그 이후에는 단독 진료가 가능하다면 병원을 개원하기도 하고 페이 닥터로 월급을 받고 근무하기도 해요. 직급은 병원에서 정하기 나름인데, 큰 병원에서는 경력이 어느 정도 쌓이면 과장을 달아주기도 하고 부원장이나 원장의 이름을 붙여주기도 하죠.

수의사의 연봉은 어느 정도인가요?

Ⓟ 수의사가 되면 연봉은 어느 정도 받을 수 있나요?

Ⓚ 보통 인턴 1년 차 때는 거의 정해진 페이를 받는다고 보면 되는데, 그 이후에는 능력에 따라서 많이 차이가 나기도 하고 계약을 하기 나름이라 개인별로 다 다르고 이건 서로 공개하는 게 아니어서 얼마를 받는지 잘 알지는 못해요. 그런데 전문의제도는 아니지만 석사, 박사 과정을 거친 수의사는 연봉이 확실히 높아요. 제가 연봉 관련해서는 찾아봤는데 구직 사이트 워크넷에 올라와 있더라고요. 2020년 기준으로 평균 연봉이 6,000만 원이고 하위 25퍼센트는 5,900만 원, 상위 25퍼센트는 6,500만 원이에요.

Ⓟ 그것도 연차에 따라 다른가요?

Ⓚ 일반적으로 3년 정도는 연차에 따라 연봉이 달라지는데, 그 후에는 정말 능력별로 달라요. 예를 들어 큰 병원 같은 경우는 수술을 다 할 수 있고, 심장 초음파를 볼 수 있어서 심장 질환이 있는 동물들의 진료까지 볼 수 있다고 하면 더 많이 받을 수 있는 거고요. 작은 병원에서는 보통 원장 수의사 한 명에 그 밑에 일하는 수의사

가 있는데, 능력보다는 밑에서 일을 해줄 사람을 찾는 거니까 아주 높은 연차를 찾지는 않아요. 그래서 구인 글을 보면 '몇 년 차 선생님 구합니다.'라고 하고, 큰 병원에서는 '몇 년 차 내과 선생님, 외과 선생님 구합니다.', '석사학위 소지자 우대합니다.'라고 해서 아예 '석사학위가 있는 사람들의 월급은 여기서부터 여기까지' 그리고 '능력에 따라 정함' 이렇게 쓰여 있어요.

편 어느 정도 실력이 쌓이면 동물병원을 많이 개원하시죠?

김 개원하는 게 어렵지는 않아요. 물론 성향의 차이겠지만 개원을 서둘러서 하는 친구들도 있더라고요. 그래서 같은 연차의 친구들이 모여서 같이 병원을 차린 경우도 많이 봤어요.

편 그럼 수의학과를 졸업하고 개인 병원을 하는 비율은 어느 정도 될까요?

김 예전엔 많았던 것 같은데 요즘은 그렇게 많지 않아요. 건국대학교는 규모가 큰 편이라 지금 제 동기가 100명 정도 되는데도 같이 모여서 개원을 한 팀이 2~3팀 정도니까 많지 않죠. 그런데 대학의 성향이 큰가 봐요. 얘기를 들어보니까 다른 학교에서는 오래 걸리지 않아 개원을 하는 경우도 많다고 해요.

병원에서의 하루 일과가 궁금해요.

🖊 출근해서 퇴근할 때까지 병원에서의 하루 일과가 궁금해요.
그리고 퇴근 후에 일과도 알려주세요.

🖊 하루 일과는 아침에 병원에 출근하면 그날 진료 목록을 보는
데 보통은 그 전날 보기는 해요. 일하면서 느낀 건데 제가 기억력이
좋은 편이어서 어떤 보호자가 들어오면 누구 보호자고 뭐 때문에
진료를 봤는지가 생각이 나요. 그래서 그 전날이나 전전날 계속 이
번 주 진료는 뭐가 있는지 틈틈이 보거나 아니면 전에 진료 봤던 동
물이 궁금하면 괜찮은지 다시 전화를 하기도 해요. 그게 신경 쓰이
면 쉬지를 못하는 편이라 오늘 어떤 진료가 있는지는 미리 대략적
으로 알고 있죠. 그리고 만약에 수술이 있는데 평소에 안 하는 특이
한 수술은 예약을 한 순간부터 긴장이 돼서 책도 찾아보면서 준비
를 하는 편이에요. 그나마 저희 병원이 큰 규모가 아니어서 아주 새
롭거나 희귀한 병을 가진 동물들이 오는 경우가 흔치는 않거든요.
그래서 미리 진료를 파악하고 준비해요.

오전 10시에 출근해서 오후 6시까지 예약받은 대로 진료를 봐
요. 틈틈이 수술도 하고요. 그렇게 스케줄을 다 끝내고 나서는 다음

날 진료 볼 동물들의 차트를 보기도 하고 오늘 진료 볼 때 뭐가 부족했는지 체크를 하기도 해요.

　또 수의사 업무 중에는 마약류 향정신성 약품 관리를 하는 것도 포함되어 있어서 그 약을 사용하면 차트에 기록을 해요. 약물 중에 프로포폴 문제가 많이 생겨서 법이 강화됐거든요. 약품을 구입할 때 뿐만 아니라 사용할 때도 그 양과 사용하는 동물과 보호자 정보를 등록해야 해요. 수의사 면허 번호를 입력해야 등록할 수 있어서 수의사가 꼭 담당해야 해요.

🔲 책임을 진다는 거네요. 그 시간도 꽤 되겠어요.

🔲 그나마 전산화되고 차트로 되어 있어서 덜하기는 하지만 시간이 꽤 소요되는 편이죠. 보통은 진료가 밀려 있어서 진료를 보면서 이것까지 하기는 힘들어요. 사람 병원은 얘기를 해 주면 되는데 강아지는 얘기도 듣고 내가 만져서 보고 청진해 보고 눈으로 보고 손으로 하는 게 훨씬 더 많으니까 앉아서 컴퓨터만 할 시간이 많지 않아요. 그래서 진료가 다 끝나면 잊어버리기 전에 빠르게 입력을 하는 경우가 많아요. 나중에 제가 아닌 다른 수의사가 진료할 때도 진료 내용을 함께 공유해야 하니까요.

진료 보는 모습

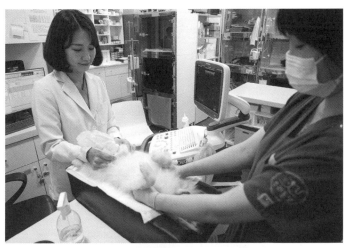

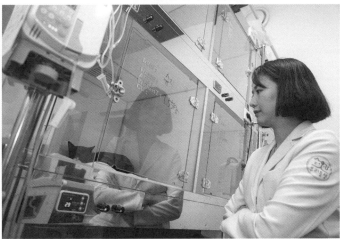

동물병원의 하루

10:00 근무 시작

하루의 스케줄을 확인하고 그 외 업무의 중요도에 따라 순서를 정해요. 마취하는 시술 중에 당일 퇴원하는 환자는 먼저 시술하기도 해요. (예: 스케일링, 수컷 중성화)

13:00~14:00 점심시간

14:00~18:00 오후 진료, 수술 진행

틈틈이 밀렸던 차트 입력을 해요. 그리고 이전에 진료를 봤던 환자들 중에 상태 체크를 해야 하는 환자 보호자와 통화도 하고요. 또한 문의해 오는 보호자들의 전화에 응대해요. 주로 아침 시간에 마취가 필요한 처치를 한다는 것 외에는 시간 순서와 관계없이 일하죠.

편 하루에 진료를 보는 횟수가 어느 정도 되나요?

김 날마다 달라요. 또 매주 다르고요. 보통 토요일이 바쁜 편이고 월요일은 저희가 일요일에 병원 문을 안 여니까 그때 와야 할 환자들까지도 다 오는 편이라 많죠. 저희가 30분 단위로 예약을 잡는데 보통 진료 수가 많을 때는 빼곡하게 다 차 있을 정도거든요. 예약 없이 급하게 동물들을 데려오는 분들도 있고요. 대략 하루에 20~30회 정도로 보면 될 것 같아요. 어제처럼 수술만 열일곱 개인 날도 있어요.

편 외과 수술인 거죠?

김 대부분 그렇죠. TNR은 중성화수술인데요. 이 수술은 협동이 필요해요. 동물들이 얌전히 팔을 내주는 게 아니라서 엉덩이에 근육 주사를 놓고, 마취할 때도 무서워서 날뛰고 정신이 하나도 없어요. 그래서 스텝들과 분업을 해서 마취를 하고 털을 밀고 수술할 준비를 갖춰야 돼요. 특히 TNR 수술은 과정이 좀 복잡해요. 서울시와 연계되어 함께 하는 지원 사업이거든요. 수술을 시작하기 전 먼저 개체별로 몸무게를 재고 사진을 찍어요. 사진 업무가 많은 이유는 과거 TNR 사업을 정직하게 하지 않은 사람들 때문인데요. 암컷 고양이는 생식기가 몸 안에 있기 때문에 수술 여부를 모르잖아요. 그러면 수술한 애를 또 잡아오게 되니까 수술했다는 표식으로 귀를 자르는데, 암컷 고양이는 외형적으로 수술을 했는지 확인할 수 있는 방법이 없어서 그냥 귀만 자르고 수술했다고 한 거예요. 마리 수당 지원을 받는 거라서 마릿수를 채우기 위해 혈안이 된 사람들이 악용을 한 거죠. 그런데 이제는 수술 사진을 다 찍게 되어있어요. 마취 전 몸무게 측정할 때, 마취 직후, 수술이 끝난 후 자궁, 난소를 같이 놓고 찍는 이 과정을 고양이마다 총 세 번씩 해요. 그래서 저 혼자만의 일이 아니고 다들 힘들어하죠. 저는 안에서 계속 똑같이 수술만 하는데 수술을 하도 많이 해서 이제는 수술 시간도 많이 단축됐어요.

임상 수의사를 포기할 뻔한 적도 있었나요?

편 임상 수의사를 포기할 뻔한 적도 있었나요?

김 수의학과 학생들이 원래 야간 실습을 하는데, 제가 야간 실습을 했던 병원은 매우 바쁜 병원이었어요. 낮에도 환자가 많았지만 밤에 전문 의료진이 있다 보니 응급 수술을 진행하기도 했고 위중한 환자들이 많이 오는 병원이었어요. 진료를 오는 동물도 매우 다양했는데요, 강아지, 고양이뿐 아니라 거북이, 토끼도 진료를 오는 병원이었죠.

제일 충격적이고 슬펐던 기억은 기력이 많이 떨어져 있던 토끼를 밤새 돌본 거예요. 토끼 보호자가 아직 수의학과 학생으로 실습하고 있던 제게 고개를 숙이며 잘 부탁한다고 얘기를 했었어요. 그래서 더 신경 써서 토끼를 보살폈고 다행히 토끼의 상태가 새벽까지 잘 유지되고 있었죠. 그런데 해가 뜨자마자 토끼가 경련을 일으키면서 죽었어요. 그때 허무하고 슬펐던 감정이 보호자의 간절함과 맞물려서 아픈 기억으로 남았어요. 일주일에 한 번 하는 실습이었는데, 매주 두 마리 이상의 동물이 사망하는 걸 봤죠. 동물을 사랑해서 수의사를 꿈꿨던 저로서는 너무 힘든 일이었어요.

수의사로 일하면서 앞으로도 이렇게 사망하는 동물을 봐야 한다는 현실에 처음으로 직면했던 거죠.

수의사의 복지에 대해 궁금해요.

편. 근무 여건이나 복지는 어때요? 병원마다 다른가요?

김. 복지 측면에서 본다면 저는 수의사를 추천하지 못할 것 같아요. 의사도 마찬가지인데요, 정말 몸이 고되고 스트레스도 많고 힘들다고 하거든요. 특히 개인 병원을 개원해서 혼자 일하면 자유롭게 일을 할 수 있지만 큰 병원에서 일하는 의사들은 돈 쓸 시간이 없어서 돈이 모인다고 얘기를 할 정도고 수의사도 마찬가지예요. 보통 큰 병원에서는 간호사처럼 새벽, 오전, 오후, 당직으로 4교대 근무를 하는 경우가 많아요. 그래서 생활 리듬이 완전히 깨져버리죠. 제가 인턴일 때는 응급 팀장님이 있는 병원이었는데도 불구하고 한 달에 한 번씩은 당직을 서야 했어요. 그러면 4일을 연달아서 근무하는 거거든요. 그 주는 그냥 당직 주인 거죠. 그 한 주는 새벽에 일을 하니까 밸런스가 완전히 깨지고 잠이 안 오고 그래서 불면증도 생겨요. 예를 들어 새벽 6~7시에 출근해서 3시쯤에 퇴근하고 오후에는 1시에 출근해서 10시에 퇴근하니까 그런 점에서 체력적으로 매우 힘들어요. 일을 하면서 하지정맥류가 생기는 친구들도 있어요. 하루 종일 진료를 보는데 앉아서 동물들을 진료하는 일은 거의 없거든요. 내내 서 있으니까 피로도가 더 심하죠. 그래도 복지에 대한 변화는 조금씩 나아지는 것 같아요. 최저 시급도 올라가고 4대 보험 가입 얘기도 많아지니까 요즘엔 많이 해 주는데 저희 선배들 때는 인턴 수의사에게 최저 시급도 주지 않거나 일을 가르쳐 주는데 돈을 왜 줘야 하냐는 식의 생각을 가진 원장들도 있었다고 해요. 그분들 또한 자기도 그렇게 배웠으니까 인턴 수의사도 그렇게 배워야지 돈을 왜 받으려고 하냐고 생각한 거죠. 그리고 병원에서 먹고 자고 하면서 퇴근도 없이 일을 시키는 경우도 많아서 그때 인턴들이 고생을 많이 했다고 해요.

📧 수의대에서 부족했던 실습을 병원에 나가서 해야 하기 때문에 그런 거예요?

📧 그렇죠. 많이 열악했어요. 그래도 요즘에는 페이도 많이 늘었고 조금씩 좋아지고 있어서 다행이에요.

📧 다행이네요. 정말 좋지 않은 악습이었네요. 사실 요즘 다른 직업에서도 열정 페이에 대해서도 논란이 많고 바뀌어야 하는 부분이잖아요.

📧 맞아요. 노동에 대한 마땅한 처우는 어느 직업이든 정말 중요해요.

수의사도 정년퇴직이 있나요?

편 정년은 언제까지라고 얘기할 수 있을까요?

김 정년은 없다고 얘기를 많이 하고 그게 수의사의 굉장한 강점이라고 해요. 그런데 제가 생각하기에는 눈이 잘 안 보이고 손을 떨기 시작하면 수술이나 진료는 어려울 것 같아요.

편 그럼 건강이 허락하는 한 할 수 있는 거니까 정년은 각자 본인하기 나름이네요. 의사 면허와 똑같네요.

김 그렇죠. 나이 들었다고 면허를 뺏는 게 아니니까요.

수의사라는 직업의 매력은 무엇인가요?

🔲 수의사라는 직업의 매력과 장점을 더 이야기해 주세요.

🔲 다른 직업도 그렇겠지만 수의사는 능력에 따라서 얼마든지 성공의 가능성이 열려 있는 직업이라는 게 매력이에요. 제가 가장 현실적으로 느꼈던 매력은 아기 엄마로서 느끼는 거지만 다시 직업의 전선으로 나가기가 어렵지 않다는 거예요. 학생들은 실감을 잘 못하겠지만 결혼을 하고 아이를 낳고 경력이 단절된 후 다시 일자리를 찾거나 하던 일을 이어서 해 나가기가 어려워요. 현실적으로 중소기업뿐만 아니라 대기업이나 공기업, 또 자신의 역량을 계속해서 발휘하고 개발해 나가야 하는 프리랜서들도 육아휴직을 하고 그 후에 다시 돌아갈 때 염려를 많이 하죠. 그런데 수의사라는 직업은 일을 그만둬도 언제든지 다시 본업으로 돌아갈 수 있다는 큰 장점이 있는 것 같아요.

🔲 개인 동물병원일 때도 그렇고 페이 닥터를 해도 언제든 원하면 일을 할 수 있는 거군요. 너무 좋은 것 같아요.

수의사의 단점은 무엇인가요?

 장점도 많지만 수의사만의 단점도 있을 것 같아요. 항상 아픈 동물들을 봐야 하는 것도 그렇고요. 마음 아플 때가 많으시죠?

 그렇죠. 그게 이 직업을 해야 하나 고민했던 요인이에요. 아무래도 병원이다 보니까 아픈 동물들을 많이 본다는 게 이 직업의 단점이죠. 그래서 멘탈 관리가 굉장히 중요해요. 그런데 강아지가 아파서 마음이 아픈 거 외에도 보호자가 또 중간에 있으니까 문제가 아주 복잡해요. 처음에는 수의사가 동물을 치료하는 거라고만 생각하고 시작했는데 어떻게 보면 보호자의 마음을 치료할 때가 더 많더라고요. 결국에는 사람을 치료하는 일이 될 수도 있겠다 싶을 정도로 강아지가 아픈 게 주가 아니라 강아지가 아픈 것 같아서 걱정하는 보호자의 마음을 치료하는 일도 많아서 정말 신경 써야 할 게 너무 많아요. 제가 보기에는 소아과의사하고 비슷한 측면이 많은 것 같아요.

📵 그렇죠. 아픈 동물을 데리고 온 보호자에게 설명하고 진정시켜야 할 때도 많을 것 같아요. 저도 두 마리의 강아지를 12년 동안 키우면서 응급 상황에 수의사 선생님 앞에서 눈물 콧물 흘리며 운 적이 꽤 많거든요. 선생님도 혹시 기억에 남는 일이 있으세요?

📵 저는 인턴을 할 때도 제가 담당의로 본 진료가 많진 않았지만 기억에 다 남아요. 건국대학교 대학병원에 다닐 때도 제가 봤던 보호자 얼굴이랑 동물들 얼굴까지도 하나하나 다 생각나고요. 마지막을 보내줬던 강아지도 생각나요. 특히나 그때는 개인 번호를 보호자한테 알려줬어요. 그래서 강아지가 죽음을 눈앞에 두고 힘들어할 때 안락사를 해야 하는지 고민이 돼서 전화가 온다거나 또는 동물이 죽고 나서 잘 보내줬다고 연락이 오거나 아니면 치료를 잘 끝낸 후에 음료수를 사 오셔서 감사했다고 인사를 전해 주는 일들이 많았어요. 그중에서도 키우던 동물을 보내고 나서 병원에 다시 발걸음을 못하는 분들이 제일 마음 아파요. 이제 키우는 동물이 없기도 하지만 그래도 한 번쯤 들릴 만도 한데 병원에 오면 생각나서 자꾸 눈물이 나고 마음이 아파서 찾아오지 못하는 분들도 꽤 있어요.

혼자만의 힘으로 어려울 땐 어떻게 하세요?

편 진료하다가 어려움이 생기면 어떻게 하나요?

김 일단은 제가 해결할 수 있는 건지 없는 건지 판단하는 게 제일 중요한 것 같아요. 저의 능력이나 병원의 진료 환경 때문에 더 이상 동물을 검사할 수 있는 장비가 없다거나 제 능력 밖의 일이어서 할 수 없을 때는 큰 병원에 보내야죠. 그럴 때는 골든타임을 놓칠 수도 있으므로 주저하지 않고 주변에 더 큰 2차 병원이나 대학병원을 소개해서 옮기는 것도 하나의 방법이고요. 저는 그나마 분점에 저보다 경력이 많은 선배 원장님이 계셔서 그분한테 많은 도움을 받아요.

수의사여도 동물이 무서울 때 있으시죠?

🔲 사람을 무는 동물도 있고 무서운 동물들이 있잖아요. 그럴 땐 어떻게 하세요?

🔳 원래는 어떻게든 붙잡고 한다였거든요. 그런데 요즘은 많이 바뀌어서 동물도 안 다치고 수의사도 안 다치는 방법은 마취하는 것이라 부득이한 경우에는 마취까지 고려하고 접근을 하는 편이에요. 대부분의 길고양이들은 손을 타지 않았기 때문에 사람이 손을 대면 더 날카로워지고 공포스러워해요. 그땐 마취를 먼저 하고 검사하는 것을 추천드려요. 특히나 고양이는 흥분한 상태가 되면 자기의 분을 못 이겨서 사망할 수도 있거든요.

일하다가 다친 적도 있으신가요?

편 수의사 하시면서 크게 다친 적은 없으세요?

김 저는 인턴 때 고양이를 처음 잡아봤는데, 그 병원이 고양이 구조단체와 연계된 병원이어서 길고양이들이 진료를 보러 많이 왔어요. 하루는 나이 든 길고양이가 구조되어 병원에 온 적이 있었어요. 처치를 돕기 위해 보정하려고 제가 앞다리를 잡고 있었는데, 고개를 확 돌리고는 제 손을 송곳니로 꽝 씹어서 그대로 관통해 버린 거예요. 짜면 콧물 같은 농이 나올 정도로 심하게 감염이 됐어요. 결국에는 치료가 되기는 했는데 아직도 흔적이 남아 있어요. 그리고 인턴 시절에 다들 한 번씩 겪는다는 곰팡이, 고양이가 갖고 있는 피부 곰팡이가 옮는 거예요. 면역력이 떨어지면 사람도 걸리거든요. 다들 면역력이 한 번씩 떨어지는 거죠.

편 수의사 생활을 하면서 위험한 순간도 있나요?

김 강아지와 고양이가 사람과 다른 점은 자신이 위험하다고 생각하는 상황에 나오는 방어기제가 공격적이라는 거예요. 겁이 많은 동물일수록 물거나 할퀼 수 있어요. 그렇기에 다칠 수 있는 상황이 많이 생길 수 있죠. 동물에게 다치는 것 외에도 항암제를 다룰 경우 위험한 상황이 생길 수도 있고요.

편 곰팡이는 고양이를 만져야 생기는 건가요?

김 네. 원래도 피부 표면에 세균이나 곰팡이가 있을 수 있는데 피부 표면에 방어막이 있어서 감염이 안 되거든요. 그런데 컨디션 난조로 방어막이 깨진 거죠.

수의사로서 제일 힘든 점이 뭐예요?

편 수의사로서 제일 힘든 점은 뭐예요?

김 동물들이 말을 못 한다는 게 제일 힘든 것 같아요. 어디가 얼마나 아프다고 알려주면 좋은데 그냥 상태를 보고 어떻게든 유추해보려고 하거든요. 그래서 더 보호자의 정보가 절실하게 필요한 직업이에요. 너무 아파하고 고통스러워할 때 그 동물의 마음이 진짜 궁금해요. 그만 고통스럽고 가고 싶은지 주인 곁에 더 있고 싶은지. 그럴 때 수의사도 보호자도 너무 어려워하죠.

제일 보람을 느낄 때는 언제예요?

편 보람을 느낄 때도 많을 것 같아요.

김 위기를 이겨내고 거의 죽을 뻔했는데 다시 살아나는 경우죠. '얘는 얼마 못 살 것 같아요.'라고 얘기를 했는데 다시 살아나서 건강하게 걷고 꼬리치는 모습을 보여주면 정말 뿌듯하고 고마워요.

편 그런 경험 많으시죠?

김 치료해 주고 예후가 좋아서 기분 좋은 건 자궁축농증이에요. 사실 이게 제가 화가 나는 지점하고도 겹치는데요, 자궁축농증 자체는 원래 중성화수술을 한 동물한테는 생기지 않는 질병이거든요. 예방적인 걸 하지 못했을 때 나타나는 거라 일단 자궁축농증 진단을 받으면 화가 나기는 해요. 왜 미리 수술을 안 해줬을까 하는 생각이 들죠. 그 이유가 동물을 위한 거면 어느 정도 납득이 가는데 '왜 해 줘야 돼요? 돈이 들어서 안 했어요.' 이런 식으로 보호자들이 얘기하면 너무 화가 나기도 하고 무책임해 보이기도 하고요. 그래도 자궁축농증은 치료하면 눈에 띄게 호전되는 게 보이는 질환 중에 하나예요. 중성화수술만 깨끗하게 잘 해 주면 안 먹던 밥을 먹고 기력이 없던 아이가 뛰어다닐 정도로 상태가 좋아지는 거라 수술을 잘 끝내고 회복되는 걸 봤을 때 기분이 제일 좋죠.

보호자들에게 화가 날 때도 있나요?

📰 보호자들에게 화가 날 때도 있나요?

📰 길냥이를 구조해서 오셨는데 케이지 없이 고양이만 안고 오신 거예요. 그런데 안고 오다가 고양이가 도망쳤대요. 그래서 병원에 온 모습은 고양이가 없는 채로 보호자 얼굴과 손에 상처가 나 있는 상태로 오신 거죠. 이게 정말 안타까운 지점이거든요. 고양이는 꼭 케이지가 있어야 돼요. 고양이라는 동물은 갇혀 있는 공간을 오히려 편안하게 생각하고 뻥 뚫려 있는 바깥은 끝이 없으니까 오히려 공포스럽게 느끼는 경향이 있어요. 그러면 어디로 뛸지 몰라요. 이건 고양이의 성향과는 또 별개로 본능의 문제라 그대로 뛰어내려서 결국에는 그날인가 그다음 날인가 로드킬이 된 사례가 있었어요. 동물을 사랑하는 마음뿐만 아니라 여러 가지 사전 지식을 공부하는 것도 꼭 필요해요.

📰 치료도 그렇지만 평소 음식 주는 것도 그럴 것 같아요. 예쁘다고 먹고 싶어 한다고 아무 음식이나 다 주면 동물들한테는 독이 되는 거죠.

김 맞아요. 사람이 즐겨먹는 음식 중 특히나 반려동물에게 독처럼 작용하는 음식들이 있어요. 양파, 파, 마늘, 부추와 같은 부추속 Allium 식물은 반려동물의 적혈구를 파괴해 빈혈을 일으킬 수 있어요. 포도는 신장을 망가뜨리고 초콜릿은 심장에 무리를 주고요. 마카다미아는 신경독성, 아보카도는 구토, 설사 등 여러 증상을 일으킬 수 있죠.

특별히 관심 있게 공부하고 있는 분야가 있으세요?

편 수의사 생활을 해오다가 특별히 관심이 더 가서 공부하는 분야가 있으세요?

김 요즘에는 음식, 영양학에 대해서 특히 관심을 갖고 공부하는 중이에요. 그리고 고양이에 대해 더 관심을 갖고 공부하고 있어요. 제 스스로 고양이와 친밀하게 된 지가 그다지 오래되지 않았고 그래서 고양이 알러지도 뒤늦게 알았거든요.

편 고양이 알러지가 있다고요?

김 네. 수의사가 되고 나서 인턴을 했던 병원은 고양이 친화 동물병원이어서 고양이가 많이 오는 병원에 속했어요. 그래서 인턴으로 일을 하면서 고양이를 처음 만져봤어요. 고양이를 만지곤 알러지가 있다는 걸 알았죠. 눈물이 흐르고 기침이 나왔거든요. 고양이에 대한 지식이 전혀 없어서 많이 물리기도 했고 고양이를 다루는 방법이나 어떤 게 좋아하는 표현인지 그때 많이 배웠어요. 인턴은 아침마다 TPR이라고 해서 체온, 심박, 호흡수를 측정하는데, 그때는 골골거리는 게 뭔지도 몰라서 심장 소리를 들으려고 청진기를 댔을 때 골골 소리가 나면 어디가 아파서 이런 소리가 나나 하는 생각도 했었거든요. 그래서 고양이를 알고 지낸 게 20대 중반부터라고 하면 아직 10년이 채 되지 않은 거라 고양이는 짧은 시간에 많이 친밀해진 동물이기도 해요. 그래서 더 관심이 가기도 하고요. 그리고 저는 천상 고양이 파더라고요.

편 고양이 알러지가 있는데 고양이 파라고요?

김 네. 동물을 다 좋아하긴 하지만 강아지보다는 고양이에게 더 마음이 가고 더 좋아해요. 그리고 키웠던 반려묘가 치즈태비 노란 고양이였거든요. 그래서 노란 고양이만 보면 다 예쁘다는 생각이 들고 자꾸 마음이 가요.

편 알러지 반응이 나올 땐 어떻게 하세요? 힘들지 않으세요?

김 다행스럽게도 1년 365일 내내 알러지 반응이 나타나는 게 아니라 괴롭지는 않아요. 컨디션이 좋을 때는 알러지 반응이 크게 나타나지 않거든요. 그런데 몸이 피곤한 상황에 길고양이를 만나는 경우엔 알러지 반응이 심하게 오는데 눈물, 콧물이 많이 흘러서 탈수를 일으킬 수 있겠구나 싶을 정도로 힘들어요. 그리고 사람의 흰자(공막)가 이렇게 부어오를 수도 있나 확인할 수 있을 정도죠. 그 정도로 증상이 심할 때는 약을 먹어요. 알러지약은 동물병원에 늘 상비해놓고요.

편 동물을 좋아하는 마음이면 선생님처럼 고양이 알러지가 있어도 수의사를 할 수 있는 거네요.

김 물론이죠. 힘들긴 하지만 고양이 알러지가 있는데도 고양이를 키우는 분들도 많아요. 고양이뿐만 아니라 강아지 알러지가 있는 분들도 기침하고 약 먹고 매일 청소하면서도 동물을 너무 좋아해서 또 이미 가족이 되어서 함께 사는 분들도 많거든요.

수의학과에서 동물의 언어나 행동학도 배우나요?

편 수의학과에서 동물의 언어나 행동학도 배우나요?

김 동물 행동학이 있기는 하지만 아주 깊이 배우는 건 아니에요.

편 그러면 행동 조련사처럼 따로 분야가 있는 건가요?

김 수의학과는 조금 다른 영역이라고 얘기해요. 소아과의사에게 아이 훈육을 어떻게 시켜야 하냐고 물어보진 않잖아요. 그거랑 비슷하게 보면 돼요. 그렇다고 심리학을 동물에 접목하기는 어렵고요. 간단하게는 익혀지는 것들이 있어요. 동물들을 만나고 진료하면서 또 책을 보면서 후천적으로 얻어지는 정보인 거죠. 궁금한 것들을 따로 찾아보면서요.

언어가 다른 동물들을 잘 다루는 노하우가 있나요?

편 말이 통하지 않는 동물들을 잘 다루는 노하우가 있나요?

김 저는 몸으로 많이 체득했어요. 그래서 강아지를 키우고 고양이를 키우는 게 수의과대학을 들어가는 데는 도움이 되진 않지만, 나중에 수의사로 일을 할 때는 도움이 되죠. 특히나 특수동물 수의사를 꿈꾼다면 특수동물은 꼭 키워봐야 한다고 생각해요.

동물을 잘 다루는 노하우를 얘기하면, 강아지나 고양이는 항상 표현을 해요. 공격하기 전에 시그널이 있어요. 강아지는 으르렁거리면서 치아를 드러내고 자세를 낮추는 식으로 보여주고, 고양이는 카악 소리를 내면서 귀를 뒤로 젖히고 꼬리를 세워서 몸을 부풀리는 식으로 시그널을 보내는데 이런 걸 보이면 접근하지 않는 게 좋아요. 시간을 좀 주는 것도 방법이 될 수 있고요. 그런데 난이도를 따지면 사나운 고양이를 다루는 것보다 크고 사나운 강아지를 다루는 게 더 어려워요. 고양이는 시간을 주면 가라앉는 경향이 있는데 강아지는 시간을 준다고 해서 해결이 되지는 않더라고요. 성향이라기보다는 본능과 관련이 있는 것 같아요.

그리고 재미있는 건 간혹 강아지는 특히나 보호자가 있을 때와 없을 때의 행동이 다르기도 해요. 그런데 고양이는 보호자가 있건 없건 상관없어요. 오히려 고양이를 어르려고 하다가 손을 물리거나 다칠 수 있어요. 고양이는 갇혀 있는 공간을 좋아하고 한계를 지어줘야 해서 이불 같은 걸 덮어 주면 훨씬 더 안정감을 느껴요. 그리고 병원에 오기 전에 안정 효과가 있는 영양제를 먹이는 것도 도움이 돼요. 고양이는 냄새나 환경에 예민한 동물에 속해서 좋아하는 냄새를 이용하는 것도 방법이에요. 고양이는 보통 큰 움직임과 소음을 싫어해요. 그래서 갑자기 움직이거나 목소리를 높고 크게 내면 안돼요.

그래서 고양이 수의사가 되면 예민해져요. 고요한 환경에서 최소한의 움직임으로 고양이를 빠르게 다뤄야 해서 기술이 필요해요. 라인을 잡거나 할 때도 한 번에 해야지 시간이 지나면 지날수록 고양이의 화가 더 늘어서 뒤로 가면 갈수록 성공률이 더 떨어져요.

진료 외에 또 어떤 일을 하세요?

편 수의사로서 진료 외에 또 어떤 일을 하는지 궁금해요.

김 진료하는 거 외에 가장 많은 시간을 할애하는 일은 강의예요. 어떻게 보면 진료랑 비슷할 수도 있는데요. 진료의 영역 안에 보호자 교육도 포함이 되거든요. 약만 처방하는 것이 아니라 동물의 행동과 습관을 교정하려면 보호자 교육이 반드시 필요하기 때문에 보호자 교육을 위해 단체로 모여 있는 공간에서 강의를 진행하기도 해요. 특히나 우리동생 동물병원은 강의를 할 수 있는 기회가 많이 열려 있는 공간이라 다른 수의사들과는 다르게 강의할 일이 많아요. 이 병원에 올 때도 강의를 할 일이 많을 텐데 괜찮은지가 인터뷰 내용 중에 하나였어요. 그리고 동물보건사 교육도 업무 중 하나였는데요, 여성발전센터에서 금요일마다 몇 달 동안 열 번 넘게 진행을 해본 적이 있어서 강의를 할 일이 생각보다 많았어요.

편 강의는 재밌으세요?

김 동물보건사 강의가 꽤 길게 이어져서 재미있었어요. 대학 수업하듯이 수업을 한 건데, 구체적으로 동물보건사가 되겠다고 하는 분들도 있었고 동물을 오랫동안 키우니까 알고 싶은 마음에서 오신 분들도 꽤 많았어요. 그래서 연령층도 다양했고 공부를 하고자 하는 의지도 컸고요.

편 강의가 선생님께도 도움이 됐나요?

김 여성발전센터에서 저한테 많은 업무를 주셨어요. 여기서도 처음 시작하는 거라 저한테 커리큘럼이나 어떤 학문을 넣으면 좋겠냐고 물어보시고 제가 할 수 있는 만큼 수업을 다 해 달라고 하더라고요. 일단은 제가 뺄 수 있는 시간은 금요일밖에 없어서 금요일에 네 시간씩 강의를 했는데요, 해부학, 수의 내과, 수의 외과를 훑어 주는 식으로 강의를 했어요.

강의 중에 해부학은 학교 다닐 때는 성적이 잘 안 나와서 자신이 별로 없었는데 다시 한 번 다 훑고 나니까 용어에 대한 공부가 돼서 저한테도 도움이 많이 됐어요. 또 시골 학교 느낌도 나고, 그분들이 다 선생님을 존경하고 좋아해 주시는 게 너무 감사하더라고요. 그래서 마지막 수업 시간엔 제가 쏴서 피자 파티도 했던 기억이 나요.

강의하는 모습

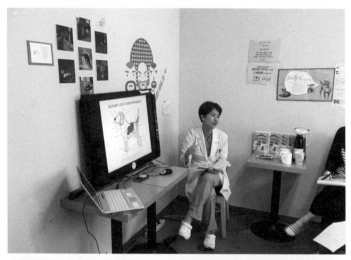

수의사를 꿈꿨을 때와 지금,
크게 달라진 점이 있나요?

편 수의사를 꿈꿨을 때와 실제 의사가 된 후에 가장 크게 달라진 점이 있나요?

김 수의사를 꿈꿨을 때는 너무 아름다운 생각만 했다는 게 크게 다릅니다. 그리고 조금 허무하다고 해야 하나. 그런 게 꿈을 이루고 나서 한번 오더라고요. 너무 수의사만 보고 달려간 거예요. 학교 다니는 동안에는 내가 수의사만 되면 다 이룬 거라고 생각했는데 막상 수의사가 되고 나니까 너무 허무하고 별다른 게 없고 그냥 계속 이렇게 살아가는 거더라고요. 그리고 생각과는 다르게 일이 체력적으로 힘든 점이 많아서 멘붕이 많이 왔었는데 그 시기를 조금 지나고 생각을 많이 바꿨어요. 그래서 이제는 매일매일의 소소한 즐거움을 느끼고 소소한 행복을 찾아가기로 했어요. 너무 큰 걸 기대하면 안 되겠더라고요. 결국에는 수의사는 직업일 뿐이고 내가 수의사여도 어떻게 사느냐가 제일 중요한 것 같아요.

📝 너무 앞만 보고 달려오다 보면 그런 생각도 들 것 같아요.

🔵 맞아요. 그런데 지금은 어떤 큰 성취나 목표, 욕심보다 현재 내가 행복해하는 게 무엇인가를 생각하며 성실하게 살고 싶어요. 그게 진짜 행복인 것 같고요.

📝 그런 경험도 있으세요? 수의사가 되면 아픈 동물들을 내가 도와줄 수 있다는 생각에 힘이 났는데 정작 수의사가 됐을 때는 현실적인 문제도 너무 크고 모든 동물들을 내가 다 해줄 수도 없고, 보호자가 중간에 껴 있고 그런 문제도 있잖아요. 그래서 느끼는 속상한 마음도 있으신가요?

🔵 너무 방대한 거예요. 생각으로는 아픈 동물들을 치료해 주고 어려운 동물들을 도와주겠다고 했지만 그 동물들의 수가 저 혼자 감당할 수 있는 게 아니잖아요. 그리고 그렇게 치료해서는 끝이 없는 거예요. 계속 누군가는 유기를 하고 있고 개인이 도저히 감당할 수 없는 숫자고요. 그래서 사실 그것 때문에 많이 혼란스러울 때도 있어요. 그래서 지금 제가 걷는 이 길이 맞는 건지 항상 생각하게 돼요. 그런데 이렇게 하다 보면 언젠가는 닿겠지, 언젠가 뭐든 도움이 되겠지라고 생각하면서 일해요.

수의대 졸업 후 적성에 안 맞아서
포기하는 사람도 있나요?

편 동기들이나 주변에 수의학과를 나왔지만 적성에 안 맞아서 포기한 사람들도 있나요?

김 6년 동안 다닌 시간이 아까우니까 대부분은 수의사 자격증을 다 따기는 해요. 중간에 다른 과로 전과를 하거나 고민을 해볼 수는 있는데 전과하는 케이스도 그다지 많지는 않아요. 아예 대학 초반에 수능 시험을 다시 봐서 의대에 들어가는 경우는 간혹 있지만요. 그 이후에는 아무래도 수의사가 일할 수 있는 분야가 많다 보니까 일반적인 회사원이 된다거나 아니면 공무원을 한다거나 연구 쪽으로 가는 경우가 많아서 임상 수의사를 하지 않을 뿐이지 결국 그들도 수의사는 수의사인 거죠.

수의사가 인기 직업인 이유가 뭘까요?

편 청소년들 중에서 수의사를 꿈꾸는 친구들이 많잖아요. 그 이유가 뭐라고 생각하세요?

김 수의사라는 직업이 너무 아름답게 포장된 것 같아요. 늘 사랑스러운 아기 동물들을 돌보고 여유롭게 예쁜 것만 보며 많은 돈을 벌 수 있을 거라는 막연한 상상이요. 그런 아름다운 상상만으로 수의사가 되기로 마음먹는 건 위험한 것 같아요. 지금은 수의사만 되면 꿈을 이루고 뭐든지 원하는 것은 다 할 수 있을 거라고 생각할 수도 있어요. 만약에 의사와 비슷한 무언가를 생각한다면 그것도 또 달라요. 다른 어떤 직업과 비교해서 이게 좋다 저게 좋다 생각하기보다는 힘든 점도 보고 고민해 본 후에 그럼에도 수의사를 할 것인지 고민해야 해요. 공부하는 양도 많고 힘든 업무도 많기 때문에 쉽게 결정하면 안 돼요. 주변에 보면 남들이 좋은 직업이라고 해서 떠밀려서 수의사가 되는 경우도 많이 봤거든요. 또 수의대 6년을 다녔으니까, 그동안 힘들게 공부한 게 아까우니까, 그냥 회사 다니기에는 똑같으니까 그래서 일단은 계속하는 분들도 많고요.

기본적으로는 부모님도 만족하고 청소년들도 만족할 수 있는 직업 자체가 많지 않잖아요. 그중에 하나여서 인기가 많은 거라고 생각해요. 하지만 무엇보다도 자신이 이 직업에 대해 고민하고 또 얼마나 원하는지를 잘 생각해 봐야 해요. 주변에 수의대 나온 분들 중에 로스쿨에 다시 입학하거나 회계사 시험을 준비하고 변리사 시험, 행정고시를 본 사람도 있었어요.

나도 수의사 · 수의사 실습

"강아지가 자꾸 구토를 해요"

보호자가 강아지를 데리고 왔을 때 진찰 순서를 자세하게 작성해 주세요.

1.

2.

3.

정답

1. 강아지는 직접 이야기를 할 수 없기 때문에 강아지를 대신한 보호자와의 대화가 매우 중요해요.

구토의 원인이 될 만한 것을 추리기 위해 보호자에게 자세히 물어봐요. 강아지의 나이와 환경, 습관도 구토와 연관이 있을 수 있어요. 구토의 빈도와 횟수, 양상(연거푸 구토를 하는지, 드문드문하는지), 내용물, 색깔(사진이 있다면 더 좋아요), 구토를 하기 전 식이, 새롭게 먹은 게 있는지, 특별한 활동이 있었는지, 구토 후 식욕이 있는지, 설사를 하진 않는지, 평소 구토 증상이 있었는지, 기존에 치료 중인 질환이 있는지 보호자와 충분히 대화를 나눈 후 구토의 원인이 이물인지 아닌지를 먼저 구분해요.

2. 필요한 검사를 진행해요.

방사선 검사, 초음파 검사, 혈액 검사가 필요한 경우 검사를 진행해요. 강아지의 배를 압박하여 통증 반응이 있는 경우 췌장염도 가진단 목록에 올려놓고 키트 검사를 하고요.

3. 검사 후 최종 진단이 나오면 진단된 질환에 따라 약물 처치, 주사 처치, 수술 등을 진행해요.

수의사 김희진이 되고 난 후

"
생명의 무게,
그게 늘 저를 어렵게 만들어요
"

처음 진료 본 동물 기억나세요?

📝 선생님이 처음 진료 본 동물 기억나세요? 선생님 마음속에 남거나 의미가 있는 동물이 있을까요?

🐾 수의대 졸업하고 건국대학교 병원에서 근무할 때인데요, 교수님이 보통 한 학생에게 한 가지 질병에 대한 환자를 몰아주는 경향이 있어요. 그렇게 하면 논문을 쓰기가 훨씬 용이하거든요. 그래서 저는 비만세포종이라는 종양이 있는 동물들을 다 모아주셨는데, 그 종양 자체가 예후가 안 좋아요. 마지막이 사망일 수밖에 없는 질환인 거죠. 그때 비비라는 갈색 푸들 강아지가 있었어요. 여아인데 생식기에 종양이 생겨서 예전에 다른 병원에서 수술을 했었는데 또다시 생긴 거예요. 종양도 너무 아플 것 같은 위치에 있었고 생식기도 많이 부어있었어요. 그래서 매번 사이즈를 체크하고 완전 항암제는 아니지만 그걸 멈추게 하는 약을 썼는데, 그 약이 비싸고 약을 먹는 기간 동안은 살지만 약을 끊고 나면 다시 안 좋아져요. 보통 10주 간격으로 약을 먹는데, 완전 치료가 되지는 않아요. 결국에는 그 강아지가 죽었는데 마지막에도 연구 목적으로 부검을 해야 하는 거예요. 부검에 대한 얘기도 주치의인 제가 보호자한테 해

야 했죠.

그런 어려운 부탁을 드릴 때는 그동안 쌓아온 보호자와 저와의 신뢰감이 중요한 거라 결국에는 제가 조심스럽게 요청을 드렸고 감사하게도 보호자께서 요청에 응해 주셨어요. 강아지를 부검하면 심장과 폐까지 다 검사를 하는 거라 절개 부위가 굉장히 크거든요. 그래서 가슴 쪽에 의료용 호치키스를 다 꽂고 마지막에 잘 처치해서 화장까지 같이 도와드렸는데 그 과정이 아직도 기억이 나요. 그리고 제 핸드폰에 비비가 볕을 쬐던 영상이 아직도 있어요. 저한테도 너무 소중한 강아지예요. 지금 생각해도 제일 힘든 시간을 보내는 보호자에게 부검을 말씀드리는 게 너무 죄송스러웠어요.

처음 수의사가 됐을 때 가장 걱정했던 게 뭐였어요?

🔲 처음 수의사가 됐을 때 가장 걱정했던 게 뭐였어요?

🔲 혹시 나 때문에 누가 죽을까 봐 그게 제일 걱정됐어요. 그런데 이게 수의사들이 많이 받는 스트레스 요인 중에 하나인가 봐요. 치료하던 동물이 하늘나라에 가면 나 때문이라는 생각을 안 하려고 해도 할 수밖에 없고 그래서 또 자책을 하게 되거든요. 그래서 미국에서는 수의사 자살률이 되게 높대요. 한동안 수의사들이 프로필 사진에 '한 명의 수의사가 귀하다.' 이런 멘트를 올리는 사회적인 운동이 일어나기도 했죠. 미국에서 보호자들한테도 친절하고 명망 높았던 응급 수의사가 자살한 경우도 있었어요. 그런 것도 스트레스와 연관이 있는 거죠. 보호자들이 동물을 잃었을 때 마음을 정리하는 단계 중에 가끔 원망으로 가는 경우가 있어요. 특히나 수의사에 대한 원망으로 가는 경우는 수의사들에게도 걷잡을 수 없이 상처가 커지죠. 저 또한 경험한 적이 있었고 많이 힘들었어요. 이건 지금도 항상 걱정하는 거예요. '나 때문에 얘가 죽으면 어떡하지?' 그리고 악몽을 꿀 때도 있고 가끔가다 입원해 있는 동물들 중에 상태가 안 좋은 동물이 있으면 갑자기 걱정되기도 해요. 자다가 일어

나서 병원 CCTV를 본다거나 아니면 갑자기 차를 끌고 달려가서 잘 자고 누워있는 애를 깨운 경우도 있었어요.

편 특히나 동물들의 죽음을 너무 많이 보시니까요. 멘탈 관리가 정말 중요할 것 같아요.

김 '생명'이잖아요. 그래서 그런가 봐요. 내 반려동물이나 남의 반려동물이나 다르지 않아요. 마음이 항상 무겁죠. 생명의 무게는 어떻게 해도 가벼워지지 않는 것 같아요. 그래서 남편과도 이런 이야기를 자주 나눠요. 생명을 다뤄야 한다는 게 너무 무겁다고요. 그럴 때마다 남편이 이야기도 많이 들어주고 위로도 해 주고 잘하고 있다고 용기도 주죠. 사실 제가 키우던 고양이를 얼마 전에 보냈을 때는 오히려 눈물이 안 났어요. 보호자의 동물을 보낼 때 울지 않으려고 애쓰고 연습했던 감정이 나온 것 같아요. 눈물을 삼키는 방법을 체득해버려서 표현이 나오지 않은 것 같은데 그러니까 더 슬프고 해소가 안 된 것 같아요. 차라리 울어버리고 표현하는 게 나을 것 같다는 생각이 들어요.

편 직업병이라고 하면 할 수도 있을 만한 이야기네요. 수의사 선생님들의 그런 고충은 잘 생각지도 못했던 것 같아요.

수의사가 된 걸 후회한 적 있으세요?

편 수의사가 된 걸 후회한 적 있으세요?

김 당연히 후회한 적도 있어요. 특히나 생명을 감당해야 한다는 게 생각보다 무게감이 크더라고요. 그것 때문에 더 가치가 있는 거라고 생각할 수도 있겠지만 그것 때문에 또 너무 무거운 거예요.

편 매일 해야 하는 일이고 일상인데, 늘 그런 무거운 주제와 직면해야 한다는 게 참 힘든 일인 것 같아요.

수의사가 되고 생긴 직업병이 있으신가요?

편. 수의사가 되고 생긴 직업병이 있으신가요?

김. 외과와 내과도 조금씩 차이가 있기는 한데 대부분 내과의사는 예민하다고 얘기를 해요. 왜냐하면 강아지나 고양이의 변화에 대해 예민하게 반응을 하다 보니까 예민해질 수 있을 것 같아요. 그리고 외과는 눈에 드러나는 질환들이 많은데 경추 디스크가 온다거나 저 같은 경우는 어깨랑 손목에 통증이 있고 수술을 너무 많이 할 때는 물건을 잡지 못하고 자꾸만 다 떨어뜨리는 거예요. 디스크가 왔나 해서 병원에 갔더니 팔의 모든 관절마다 염증이 와 있대요. 지금도 그런 상태인 것 같아요. 그래서 손에 힘을 잘 못 줘요. 그런데 수술을 하다 보면 손끝까지 다 힘을 줘야 돼요. 동물들이 작으니까 장기도 근육도 다 너무 작잖아요. 거의 손가락으로 많은 일을 해야 하는 거라 손가락과 손목이 너무 아파요. 손목이 아파서 잠에서 깰 때도 있고요.

내과의사와 외과의사는 어떻게 다르죠?

[편] 내과의사와 외과의사의 차이점은 뭐죠?

[김] 간단하게 말씀드리면, 내과의사는 약물로 질병을 치료하는 의사고 외과의사는 수술로 질병을 치료하는 의사예요. 내과, 외과는 주로 큰 병원에서 효율적이고 전문적인 진료를 위해 구분해요.

제가 근무하는 병원은 내과, 외과 구분 없이 운영되는 병원이에요. 그런데 직전에 근무했던 대학 동물병원에서는 내과 수의사로만 근무했어요. 수술 경험이 거의 없었고 수술하는 걸 좋아하지 않는 편이었거든요. 수술을 집도하고 수술 결과에 전전긍긍하는 외과의사도 많이 봤고요. 흔치 않지만 수술 도중 사망하는 케이스도 있고, 수술 후 기대했던 것만큼 회복하지 않는 케이스도 봐서 외과를 선호하지 않게 되었어요. 그러다 지금 병원에 근무하면서 수술을 많이 하게 되고 수술 후 좋아지는 환자들을 보면서 생각이 많이 바뀌었죠.

이전에는 내과는 약물로 치료하고 갑작스럽게 사망하는 일이 별로 없다고 생각하고 크게 걱정 안 했는데 심장병으로 급사하는 경우를 많이 보고 나서는 내과도 어려운 부분이 많다는 걸 알게 됐어요.

자녀가 수의사가 되고 싶다고 한다면
권하고 싶으세요?

편 선생님은 만약에 자녀가 수의사 된다고 하면 뭐라고 하실 거예요? 권하고 싶으세요?

김 하고 싶다면 뭐든지 열려 있어요. 직업에는 귀천이 없다고 생각해요. 저희 아버지도 회사에 다니시다가 그만두고 장사를 하셨거든요. 열심히 땀 흘려 노력하면서 일하시는 모습을 보고 자라서인지 어떤 일이든 자신이 좋아하고 최선을 다한다면 가장 좋은 직업이라고 생각해요. 부모님이 저를 그렇게 키우셨죠. 그래서 저는 저희 아들이 하고 싶은 거는 뭐든지 하게 하려고 생각하고 있어요. 사실 현타가 왔다고 하나요. 그런 거 있잖아요. 공부 잘하면 뭐해 그냥 대기업 가겠지, 이런 식이 돼버린 거예요. 대기업이 인생을 행복하게 해 주지 않는다는 생각이 든 거죠. 누군가에게 대기업은 행복과 같은 말이 될 수도 있겠지만 저는 다른 거 다 상관없고 "아들아, 하고 싶은 거 해라. 인생은 짧다."라고 얘기해 주고 싶어요.

수의사가 되길 잘했다고 느낀
순간이 있나요?

편 수의사가 되길 잘했다고 느끼는 순간이 있나요?

김 아픈 동물이 다시 건강해지면 안심이 되고 좋지만 저도 사람이다 보니 보호자가 기뻐하는 모습을 볼 때 많이 느끼는 것 같아요. 정말 감사하다고 하시며 기뻐하고 행복해하는 모습을 볼 때가 제일 만족하는 순간이에요. 특히나 우리동생의 특성상 푸근한 맛이 있어요. 워낙 소외계층을 돕는 일이 많다 보니까 그분들이 정말 감사해 하는 경우가 많거든요. 한 번은 건강 드링크를 여러 개 사 오셔서 뭘 좋아할지 몰라서 다 사 왔다고 하시는 할아버지도 너무 귀여우셨고, 어떤 분은 옥수수를 쪄 오시기도 해요. 그런 것들이 너무 푸근한 거예요. 남편 말로는 저한테서 마을 이장 같은 느낌이 난다고 하더라고요.

편 그런 선물들은 전하고 싶은 고마움을 모두 다 꺼내 보여주시는 것 같아요. 뭐라도 주고 싶은, 또 모두 다 주고 싶은 마음이요. 그래서 더 감동이네요.

가장 존경하는 수의사가 있나요?

<편> 가장 존경하는 수의사가 있나요?

<김> 제가 건국대학교 대학병원에 있을 때 지도해 주셨던 교수님을 제일 존경해요. 실력과 인품을 겸비하셨기 때문에 존경할 수밖에 없어요. 저뿐만 아니라 모두 다 공감하고 그때 같이 일했던 친구들도 다 교수님의 팬이에요. 교수님이 너무 좋은 분이셔서 그 주변에 항상 좋은 사람들이 모이는 것 같아요. 건강하시길 항상 응원하고 있어요.

수의사가 안됐다면 어떤 일을 하고 계실까요?

편. 만약 수의사가 안됐다면 어떤 일을 하고 있을 것 같으세요?

김. 남편한테 많이 듣는 질문인데, 저희 남편은 이야기꾼이기 때문에 항상 여러 가지 상황에 대한 상상과 질문을 저에게 많이 던지는 편이에요. 조언도 해 주고요. 언젠가는 저한테 회계사가 맞을 것 같다는 거예요. 제가 한참 생명을 다루는 일이 너무 무거워서 힘들어할 때 회계사 공부를 해 보라고 하더라고요. '숫자를 잘 다루니까 그냥 생각 안 하고 숫자만 다루는 건 어때?'라고 얘기를 해서 공부를 한 적이 있어요. 그런데 결국에는 수의사로 보람을 느끼는 이벤트가 있어서 역시 나는 수의사가 천직이라고 생각했죠.

그리고 아기가 아파서 소아과에 갈 일이 많잖아요. 그럴 때마다 비슷한 측면이 많은 소아과의사였으면 어땠을까? 이런 생각도 해본 적이 있어요.

또 심리학을 되게 좋아해요. '사람의 마음은 어떤 걸까?'라는 고민도 늘 있고요. 대학 다닐 때 언어와 마음이라는 교양 과목이 있었는데 심리학과 관련이 있는 수업이라 집중해서 들었고 재미있어했죠. 그랬더니 교수님이 언어커뮤니케이션과로 전과하는 게 어떠

냐고 물어보시는 거예요. 완전히 다른 문과이기도 했지만 건국대학교에서 수의학과는 전과가 불가능한 과여서 갈 수 없었죠. 물론 다행이었지만요. 그래서 심리학 쪽으로도 공부하지 않았을까라는 생각도 막연하게 들어요.

동물들에게 배우는 사랑

편 선생님께서 개인적으로 동물들에게 배우는 사랑의 의미나 형태도 많을 것 같은데 어떠세요?

김 많죠. 동물들이 사람에게 주는 사랑은 편견 없고 한없는 사랑, 조건 없는 사랑이잖아요. 종교적일 수도 있는데 조건 없는 사랑으로 하나님의 사랑을 이야기하기도 하잖아요. 어쩌면 그 사랑이 이런 모습일까 싶기도 해요.

그런데 사실은 제가 고양이를 더 좋아하는 이유가 여기에도 있는데요, 강아지는 항상 사람을 기다리고 바라보니까 이 사랑이 어느 순간 부담스러울 때도 있더라고요. 다른 걸 하다가 어쩌다 쳐다봐도 항상 눈이 마주치잖아요. 그럴 땐 나보다 얘가 날 더 사랑해 주는 것 같아 미안할 때도 있고요. 반면 고양이는 자기 생활을 하거든요. 고양이를 키우던 사람들이 강아지를 만나면 '얘는 자기 시간이 없어?'라고 얘기하곤 해요. 그 정도로 너무 순종적인 사랑인 거죠.

편 고양이만 16년 키웠던 제 친구한테 여행을 간 한 달 동안 맡겼더니 조금 힘들어하더라고요. 개의 사랑에 대해서 많이 놀라기도 하고요.

김 맞아요. 직접 받아보지 않으면 잘 모르죠.

동물들을 위해 우리가 할 일

편 우리에게 이렇게 무한한 사랑을 주는 동물들을 위해서 우리가 할 수 있는 일들에 대해 조언 부탁드려요. 혹시 선생님은 동물들을 위해 실천하고 있는 게 있나요?

김 저도 거창한 건 없어요. 뉴스에서 물고기나 새 다리에 일회용품이 묶여 있고, 줄이 걸려 있는 장면을 보고 너무 가슴이 아팠어요. 환경 문제와 쓰레기 문제가 남의 얘기가 아니더라고요. 물론 이게 주변에 있는 강아지나 고양이와는 상관이 없을 수도 있지만 우리가 가까이 만나거나 보지 않는 동물도 다 생명체니까 그 동물들 또한 생각을 안 할 수가 없더라고요. 그래서 환경 쪽에도 신경을 쓰고 있는데 적극적으로 하기에는 한계가 너무 많아요. 그래도 되도록 일회용품을 사용하지 않으려 하고 특히나 플라스틱 용기에 담은 세정제 대신에 비누를 쓰려고 노력 중이죠. 또 조금 더 구체적으로 내가 할 수 있는 게 뭘까의 고민은 계속하고 있어요. 그런데도 일주일에 한 번씩 재활용 쓰레기를 버릴 때 보면 그 양에 놀라 스스로를 정죄하죠.

어떤 마음의 자세로 일하세요?

편 어떤 마음의 자세로 일하세요?

김 어느 순간엔 너무 상처를 많이 받으니까 어느 정도는 적당히 하자고 한 적이 있었어요. 적당히 기대하고 적당히 마음을 주면 내가 상처받지 않는다고 생각을 했는데 일을 하면 할수록 또다시 진심으로 하고 싶어져요. 적당히를 계속하다 보니까 어느 순간 정말 마음이 비어져 가는 게 제 스스로도 느껴지더라고요.

편 그러면 일을 하는 보람이나 재미도 잃어가고 결국 스스로 행복하지 않게 되죠.

김 네. 그냥 일반적인 업무가 돼버리니까 처음 일하면서 보람을 찾았던 그 순간이 점점 없어지는 거죠. 그래서 보호자의 마음이나 강아지나 고양이처럼 말 못 하는 동물들을 대신해서 내가 이 편에 있어야겠다는 생각으로 처음보다 더 진심으로 일하게 됐어요. 그러다 보니까 주변 사람들한테 요구가 더 많아지는 것 같기도 해요. 예를 들면 함께 일하는 동물보건사 분들이나 다른 수의사 선생님한테 당부하는 게 많아져요. 얘를 더 봐주고, 이걸 해줘야 되고, 저

걸 해줘야 되고. 이렇게 하나부터 열까지 다 요구하게 되니까 일이 많아지죠.

편 제가 감히 말씀을 드리면 많은 경험을 통해서 진짜 의사가 됐다는 말도 맞겠어요.

김 처음과는 많이 달라졌죠. 그리고 제 주변에 다른 수의사 친구들도 처음이랑 많이 달라졌다고 얘기하고요. 더 좋은 수의사가 되어가는 거죠.

우리동물병원생명 사회적협동조합

"
동물을 향한,
우리를 위한 움직임
"

우리동생 동물병원은 어떤 곳이에요?

편 지금 일하고 계시는 병원 이름이 우리동생 동물병원이에요. 좀 특이한 이름인데요, 어떤 병원인가요?

김 우리동생은 우리동물병원생명 사회적협동조합의 줄임말로 반려동물도 가족이자 우리 사회 구성원이라는 의미를 담고 있어요. 다양한 조합원들이 함께 소유하고 운영하는 사업체이자 조합원이 함께 꿈꾸며 협동으로 실천하는 공동체죠. 카라나 동물자유연대 같은 기관과는 또 결이 다른 곳이에요. 물론 카라도 동물병원을 운영하고 있지만 좀 더 병원에 가깝다고 보면 돼요. 카라는 거기서 구조하는 동물들을 주로 치료하는 목적이 더 크다면 저희는 구조의 전면에 나서지는 않지만 동물과 사람이 공존할 수 있는 사회를 만들어가는 게 목표예요. 그 목표를 위해서 나라에서 운영하는 사업에 공모해서 저희 병원이 같이 일을 해요.

구체적으로는 취약 계층의 진료를 보거나 아니면 애니멀 호더라고 한 번에 여러 마리의 강아지와 고양이를 집착적으로 키우는 분들이 있어요. 강박 증세처럼 도저히 키울 수 있는 환경이 아님에도 불구하고 자기 능력 밖으로 너무 많은 동물들을 키우는 애니멀

호더를 지원하는 프로그램을 하고 있어요. 결국에는 반려동물들을 데리고 와서 다른 곳에 입양 보내는 거라고 보면 돼요. 서울시와 같이 하는 거여서 공조가 꼭 있어야 하고 복지사들의 도움이 있어야지만 할 수 있어요.

편 권리나 법적 문제 때문인가요?

김 그것도 있고 애니멀 호더는 정서적으로 재발하기가 너무 쉬운 거잖아요. 반려동물을 다 빼앗아서 입양을 보낸다고 하더라도 또 다시 강아지나 고양이를 데려오는 걸 막을 수 있는 방법이 없기 때문에 복지사들이 계속해서 관심을 갖고 지켜봐 줘야 해요.

편 카라 외에도 다른 동물 단체와의 협업이나 협동도 많나요?

김 네. 많아요. 카라 동물병원이 원래는 마포구에 있었는데 더 크게 세우면서 파주로 옮겼어요. 그래서 카라에 다니던 분들이 저희 병원으로 넘어오는 경우도 많아요. 카라에서도 급하게 치료를 해야 하는데 파주까지 가기 너무 멀 때는 저희 병원에서 진료를 보기도 하고요. 어떤 사업은 같이 협업하기도 하고 매우 친밀한 관계예요.

왜 협동조합으로 병원이 세워진 거예요?

편 왜 협동조합으로 병원이 세워진 거예요?

김 처음 세울 때의 목표는 과잉 진료가 없고 신뢰할 만한 동물병원을 세우자는 목적으로 수의사가 아닌 사람들과 수의사 한 명 정도 포함해서 세우게 된 병원이에요. 영리를 목적으로 하지 않기에 병원을 유지할 수 있는 최소한의 이익을 추구한다는 점에서 과잉 진료를 피할 수 있었어요. 그리고 한 명의 수의사가 병원의 주인이 아니기 때문에 병원이 잘못 운영되지 않도록 감시하는 많은 사람들이 있는 구조로 구성되어 있다는 점도 도움이 되었죠. 조합원들 한 명 한 명과 특히나 많은 일을 맡아 주었던 몇 분들의 수고도 같이 있었고요. 그렇게 해서 병원을 열기 시작한 거죠.

편 선생님은 병원의 성향과 잘 맞으셨나요?

김 사실 취지가 좋아서 병원에 취직하려던 건 아니었어요. 가까이에 살고 있었고 인연이 닿았던 거죠. 그런데 다니다 보니까 제 성향과도 잘 맞은 것 같아요. 주변 분들도 저랑 병원이 잘 맞는 것 같다고 말씀해 주시고요. 만약에 돈을 많이 벌고 병원을 차려서 부자가 되겠다고 했다면 이 병원에 있는 건 맞지 않아요. 돈을 중요하게 생각하는 게 나쁜 건 아니죠. 다만 성향이 다른 것 같아요. 사실 정해진 월급에 비해 늘 일이 너무 많아요. 그런데 너무 웃긴 건 '나 없으면 이 병원은 어떻게 하지?'라고 혼자 우쭐해질 때도 있어요. 어쩌면 그게 저에게는 일을 할 수 있는 원동력이 되나 봐요. '내가 이곳에서 꼭 필요한 사람이구나.' 하는 자부심 같은 거요.

편 사명감인 거 같아요. 직업이라는 건 내 일이 얼마나 가치가 있고 남에게 어떤 도움이 되며 그 안에서 얼마나 자신의 의미를 찾느냐도 중요한 부분이잖아요. 일을 하다가 한참 후에야 '내가 무의미가 되는 느낌'이 들면 일의 한계를 느끼게 되고요. 선생님은 다행히 수의사라는 직업도 우리동생 동물병원과도 너무 잘 맞았던 것 같아요.

김 가끔 부끄러울 때가 있어요. 제가 그런 의미로 꼭 여기에 있는 건 아닌데, 주변에서 '거기서 일을 계속한다며? 거기 정말 훌륭한 곳이야.' 이렇게 얘기를 할 때면 부끄러운 거예요. 저는 집과 가까워서 일하기 시작한 거라서요.

편 그건 선생님이 너무 겸손하신 거예요. 인연이 닿았기 때문에 올 수 있었지만 나가지 않고 계속 있었던 건 선생님 마음에서 그 부분이 크기 때문이었던 거니까요. 선생님이 부끄럽다고 말하는 부분도 알겠지만 모두 선생님의 의지인 거죠. 그러면 협동조합에서 하는 일도 간단하게 이야기해 주실 수 있나요?

김 우리동생은 일단 동물병원 일을 기본적으로 하고 있고요. 사람과 동물이 어우러져서 살기 위한 프로그램에 많이 참여하고 있고 개개인보다는 공동체를 위해 운영이 되는 병원이라고 얘기할 수 있어요.

우리동물병원생명 사회적협동조합이
바라는 것은 무엇인가요?

편 우리동물병원생명 사회적협동조합이 바라는 것은 무엇인가요?

김 우리동생의 미션은 '사람과 동물이 더불어 건강하고 행복한 사회 만들기'예요. 너무 목표가 큰가요? 하지만 그 미션을 향해 동물병원에서 함께 진료와 운영을 하고, 나의 가족이자 사회구성원인 반려동물을 끝까지 책임질 수 있도록 배우고 있어요. 또 도움이 필요한 동물을 돕고 함께 만든 커뮤니티인 협동조합을 통해 서로 의지하죠. 이렇게 더불어 살아가는 삶을 위해 꿈꾸고 협동으로 실천하는 그 과정 자체가 목표예요. 사람의 복지와 동물복지는 연결되어 있으니까요.

편 사람의 복지와 동물복지가 연결되어 있다는 말이 가슴에 와닿는 것 같아요. 동물이 살기 좋은 사회는 사람도 살기 좋은 사회가 되어 있는 거겠죠.

버스 의료 지원

길에서 사는 친구들도 도와주고 있나요?

편 길에서 사는 친구들을 어떻게 도와주고 있나요? 서울시에서 하는 지원 사업이 있나요?

김 은평구에서 하는 길고양이 중성화수술인 TNR을 저희 병원에서 함께 진행하고 있어요. 그리고 의료 나눔이라고 하는 프로그램이 있는데 길에서 온 고양이들을 치료할 때 50퍼센트의 지원을 해주는 거예요. 대신 조합원들만 혜택을 볼 수가 있고요. 1년에 마릿수 규정이 있기는 한데, 기본 취지는 길에서 온 고양이들을 조금 더 쉽고 마음 편하게 구조하고 치료비 부담을 덜어주는데 목적이 있어요.

편 만약에 제가 조합원인데 용산에서 고양이를 구조해 와도 되나요?

김 그럼요. 50퍼센트의 부담이 있으니까 부담이 아예 없는 것도 아니고요.

지구에 함께 사는 동물들에 대한 우리의 자세

편 사실 우리도 동물인데 단지 말을 할 줄 안다는 것 때문에 우리가 주체라는 이기심을 갖게 되면서 파생되는 행동들이 문제가 되잖아요. 지구에 함께 사는 동물들에 대해 우리는 어떤 자세를 가져야 할까요?

김 '우리가 우위에 있거나 우리가 우선이다'라고 생각하지 않았으면 좋겠어요. 그냥 같이 사는 거라고 생각하면 조금 더 겸손해지지 않을까 생각해요. 약자의 입장에서 먼저 생각하는 게 당연하듯이 노인과 아이들을 먼저 생각하는 게 기본적인 인간성이라고 보면, 동물도 거기에 포함돼야 한다고 생각해요. 그리고 어떤 사건이나 범죄를 봐도 동물을 대상으로 한 범죄가 결국에는 아이와 노인을 대상으로 한 범죄로 이어지는 경우가 많기 때문에 그 존재가 크게 다르지 않다고 생각해요.

편 그렇죠. 우리가 중심이라는 생각이 무서운 것 같아요.

김 어린아이들을 봐도 가끔 무서울 때가 있는데, 저희 아들도 '엄마, 내가 주인공이지?'라고 말할 때가 있어요. 그러면 한편으로는 마음이 철렁해요. 그럴 때는 '아니야. 엄마도 엄마 삶의 주인공이고 너도 너의 삶의 주인공이고 모든 생명체는 다 자기가 삶의 주인이 될 수 있어. 각자의 삶이 다 있는 거야.'라고 잘 설명하면서 얘기해 줘요. 하지만 아직 여섯 살인 아이가 얼마나 이해하는지는 알 수 없어요. 어떤 의미로 아이가 그런 얘기를 할까 싶기도 하고요.

편 보통 엄마들을 보면 '정말 잘했어. 네가 최고야. 네가 먼저야.' 이런 분위기와 말들을 심어주듯이 하는 경우가 많잖아요. 저도 자주 그런 말을 썼는데 때와 장소를 가려서 신중하게 말해야겠어요.

유기되는 동물이 줄어들 수 있는 방법이 있을까요?

편 여러 가지 이유로 유기되는 동물들이 많잖아요. 어떻게 하면 이 문제를 줄일 수 있을까요?

김 여러 가지 이유가 있겠지만 제일 먼저 동물의 생명이 다 하는 날까지 함께 할 수 있는 상황에서만 반려동물을 입양해야 한다고 생각해요. 사실 나이 들고 병든 동물들도 많이 버려져요. 너무 가슴 아픈 일이죠. 사람 한 명을 키울 때 몇 억이 든다고 얘기를 하잖아요. 사람처럼 생각을 하고 그 준비를 해야 할 것 같아요. 아이를 키울 때처럼 강아지를 키울 때도 주기적으로 드는 돈이 있을 거고, 강아지가 열 살이 넘어가면 돈이 더 많이 들 거라는 걸 알아야 하고요. 이건 강제를 해야 하나 의문이 들기는 하지만 권장 사항으로 강아지를 위해서 적금을 든다거나 보험을 드는 것도 좋죠. 보험도 시스템 자체가 보험료를 한꺼번에 내고 혜택을 보는 거라 노령견은 못 들거든요.

📖 통상 사람 하나를 키우려면 3억 정도 든다고 얘기하잖아요. 이것처럼 대략 15년으로 계산했을 때 개 한 마리나 고양이 한 마리를 키우는데 평균 얼마 정도의 돈이 든다. 이런 정보가 있으면 좋겠어요. 반려동물에 대한 정보를 많이 알리는 캠페인을 해서 사람들이 처음부터 감안을 하고 마음의 준비를 하고 키우는 것도 도움이 될 것 같거든요.

🔵 그러면 좋죠. 월평균 양육비는 '2021년 KB 반려동물 보고서'에 따르면, 반려견은 13만 원, 반려묘는 10만 원이라고 해요. 말 그대로 평균이기 때문에 묶어 놓고 키우는 시골 개와 매일 유치원에 다니고 명품 의류를 입는 강아지의 차이가 반영되진 않았어요. 병원비가 별로 안 드는 중간 연령의 반려동물과 매일 약을 복용하는 노령 반려동물의 차이 또한 고려해야 하고요.

동물 학대 방지를 위해 할 수 있는 일

편 가끔 병원에 오는 동물들 중에 동물 학대로 오는 경우도 있잖아요. 보면 화도 나고 참 가슴 아프죠. 동물 학대를 막기 위해 어떤 게 필요할까요?

김 지금은 그나마 사회적인 질타를 받을 수 있는 환경이어서 다행인 것 같아요. 예전 같았으면 동물의 권리에 대해서 '그게 뭐?'라고 생각할 법도 하거든요. 특히나 저는 동물 학대 방지법이 많이 변화한 것 중 하나가 자가 진료 철폐가 크다고 봐요.

편 자가 진료 철폐요?

김 네. 원래는 자가 진료가 가능했어요. 자기 동물이면 자기가 주사를 놓던 마음대로 수술을 하건 법적으로 아무 문제가 없었던 거죠. 그런데 2017년 7월 1일부터 자가 진료가 금지됐어요. 그전까지는 번식장을 운영하는 사람이 수의학적 지식이 전혀 없는데도 불구하고 배를 가르고 수술을 했어요. 그래서 번식장에서 강아지를 구조해 오면 상태가 너무 처참한 거죠. 자가 진료 금지 이후에는 의료 행위는 수의사가 해야 한다고 생각해서 그나마 사람들이 조금씩 조심하기 시작했어요. 그래서 학대에 대한 개념도 조금 더 생각하게 된 것 같아요.

그리고 한 가지 더, 동물 학대도 똑같아야 한다고 생각해요. 아동학대 사건도 꽤 있었잖아요. 그런 일들은 소아과의사가 아이를 만났을 때 상태를 보고 신고할 수가 있는데, 반려동물은 그런 게 없는 거죠. 수의사도 동물들을 진료해 보면 사람에 의해 지속적으로 폭행이나 학대가 있는지 알 수 있을 때가 있어요. 그러면 주인과 격리시킬 수 있도록 신고 제도가 있어야 하는데 구체적으로 만들어진 법이 없어요. 또한 동물 학대를 신고 했을 때 신고자를 보호할 수 있는 제도도 필요하고요. 지금은 아주 간단하게 동물을 학대한 사람은 얼마의 벌금형과 몇 년 이하의 징역에 처할 수 있다는 정도로만 법이 되어 있거든요. 그것도 실제로 징역형까지 가는 경우는 많지 않아요. 그래서 동물 학대가 끊이지 않는 것 같아요.

편 선생님이 진료를 보다가 알아차린 경우도 있었나요?

김 제가 직접 보지는 못했지만 제가 없을 때 한 번 진료를 왔는데, 얘기를 듣고 너무 화가 났던 일이 있었어요. 자기 조카들이 와서 강아지를 때렸다는데 턱이 녹아 없어져서 먹는 걸 다 흘리는 거예요. 그 상태로 놔뒀다는 게 너무 화가 나더라고요.

📝 그래도 병원에 데리고는 왔네요.

📝 주변 사람들이 병원에 안 데리고 가면 학대 혐의로 문제가 생길 수 있으니까 가보라고 해서 온 거예요. 제가 직접 보지는 못했는데 상태가 너무 심각해서 손쓸 수도 없었고 얼마 안 돼서 죽었다는 얘기를 들었어요. 그 외에도 건국대학병원에서 인턴으로 있을 때 맞은 강아지가 왔었어요. 처음에는 솔직하게 얘기하지 않고 떨어져서 그런 거라고 했는데 계속 추궁을 하니까 때렸다고 얘기하더라고요. 하지만 그때는 법적으로 아무 처벌도 받지 않았을 때였어요. 심지어 아무렇지 않게 때렸다고 말하는 사람도 있었고요. 또 어떤 사람은 강아지한테 술을 먹이고 온 거예요. 본인도 너무 취해서 술 냄새를 풀풀 풍기고 강아지도 술 냄새가 나는데 개가 맛있어서 스스로 먹었겠어요. 재밌으니까 먹여보자 이렇게 한 것 같아요. 너무 끔찍한 학대죠. 그때가 2014년이니까 관련된 법안도 없었고 동물을 개인의 재산이나 물건으로 취급한 거예요.

📝 너무 화가 나네요. 어떻게 살아있는 생명에게 그렇게 잔인하게 굴 수 있을까요?

📝 저는 학대가 그렇게 큰 게 아닌 것도 많다고 생각해요. 예를 들어서 먹으면 안 되는 음식이 들어있는 사람 음식을 먹이거나 이미

뚱뚱한 강아지한테 자꾸 뭔가를 먹여서 계속 뚱뚱하게 만드는 것 또한 학대라고 생각해요. 우리가 동물에 대해 잘 알아보지 않고 관심 두지 않고 마음대로 판단해서 행동하는 것 중에도 학대가 많이 있는 거죠.

📰 내가 어쩔 수 없고 어떻게 할 수 있는 힘은 없으나 너무 화가 나는 상황들이 있잖아요. 아동 학대도 그렇지만 유독 동물들한테는 그런 상황이 더 많이 발생하는 것 같아요.

📗 동물 학대에 대한 처벌이 너무 약한 거죠. 계속해서 이런 일들이 일어나고 있고 이게 결국에는 어린아이를 대상으로 범죄가 이어지는 게 불 보듯 뻔한 건데 이대로는 정말 안돼요.

📰 동물들을 위한 앞으로의 바램을 말씀해 주실 수 있는 게 있을까요?

📗 법적으로 더 많이 촘촘해졌으면 좋겠어요. 지금 당장은 법이 부족한 점이 많으니까 자발적으로 사람들의 시선과 인식도 많이 변화해야 돼요. 내 반려동물이 아니더라도 많은 사람들이 주변에서 관심 갖고 지켜봐야 조심하는 사람들이 많이 생길 것 같아요.

앞으로의 수의사 김희진

> 저의 이름 앞엔
> 항상 '따뜻한 수의사'라는
> 수식어가 따라오길 바라요

바르고 강하게 산다는 것

그것은 자신 안에서 은하계를 의식하고

그에 따라 나아가는 것이다.

우리들에게 필요한 것은

은하계를 포용하는 투명한 의지

그리고 거대한 힘과 열정이다.

미야자와 겐지의 소설 『은하철도의 밤』 중에서

일 외에 관심 있는 활동이 있으신가요?

편 진료 외에 관심 있게 활동하는 분야가 있으세요?

김 우리동생 유튜브 채널이 있어요. 유튜브 동영상도 만드는데 저는 개의치 않아서 제 얼굴을 싣는 것뿐이지 적극적으로 좋아하는 건 아니에요. 그래도 이것저것 다양한 활동에 관심은 많아요. 제 가치관이 '경험을 중요하게 생각하자'이기 때문에 어떤 것이든 인연이 되고 기회가 되면 다 하고 웬만하면 부정적으로 생각하지 않고 '그냥 해 보지 뭐' 이렇게 생각하는 편이에요.

수의사로는 반려동물 화식(밥) 관련해서 자문하는 일이 있어요. 반려동물 음식에 대해서는 모두 다 새롭게 공부해야 하지만 알아가는 재미도 있고 새로운 분야에 경험이 쌓이는 거라 의미도 있는 것 같아서 열심히 하고 있어요.

그리고 강의는 계속 끊이지 않게 하고 있어요. 마포구청에서 하는 고양이 돌보기 강의도 하고요. 저희와 마포구가 연관이 되어 있어서 지난번에는 강아지를 했고 이번에는 고양이로 해서 1년에 두 번씩 강의를 하는 거예요. 사실 강의는 자료를 만들어놓으면 계속 꾸준하게 쓰일 수 있기 때문에 자료를 좀 더 체계적으로 만들어가는 걸 고민하고 있고요.

그 외에는 워낙 여행을 좋아하니까 여행에 대해서는 항상 생각하고 있어요. 세계 여행이 꿈이거든요. 남편도 여행을 좋아해서 아이와 함께 세 식구가 세계 여행 가는 걸 계획하고 있는데요. 다른 것보다 여행이 아이에게도 큰 교육이 될 것 같아서 세계 여행을 가려고 생각하고 있어요. 지금은 코로나 때문에 늦춰지고 있는데요. 언젠가 세계 어느 나라의 길 위에 있을 저를 상상해요.

📧 코로나 때문에 연기됐다면 준비는 오래전부터 많이 하셨던 거네요.

🔲 스페인어를 배우고 있어요. 항상 무언가를 하고 싶어 하는 성향이에요. 언어를 잘하고 싶은데 영어는 학창 시절부터 계속 해왔으니까 너무 지루하잖아요. 그래서 새로운 언어를 해 보면 재미있을 것 같아서 스페인어를 하고 있는데 의무감이 있거나 시험을 보는 게 아니어서 아주 열심히 하고 있지는 않아요. 그냥 취미 생활처럼 하고 있어요. 여행은 10개월 정도 계획하고 있는데 사실 어떻게 보면 어른들이 봤을 땐 대책이 없어 보일 수 있죠. 상당한 돈이 들기 때문에 노후 자금 준비 같은 거 생각 안 하고 돈을 쓴 뒤 돌아오면 다시 처음부터 시작해야 하잖아요. 그런데 돈과 건강이 항상 선

포르투갈, 미국, 스페인 여행지에서

물처럼 준비되어 있는 게 아니더라고요. 돈은 충분한데 건강이 좋지 못해서 못 갈 수도 있고, 돈은 있는데 시간이 여의치 않아서 못 갈 수도 있고요. 그래서 지금 건강하고 예산에 맞는 돈을 모았을 때 떠나려고요. 돌아와서는 또 인생의 새로운 길 위에서 힘차게 살아가고 있을 테니까요.

📕 그럼 요즘은 스페인어를 배우시고, 취미는 보통 어떤 거 하세요?

📗 웃으실지 모르겠지만 저는 누워 있는 걸 좋아해요. 누워서 웹툰도 보고, 핸드폰 게임도 하고요. 번데기처럼 누워서 먹는 것도 좋아해요.

📕 저도 누워있는 거 좋아해요. 다들 자기에 맞게 쉬는 방법을 찾고 좋아하는 걸 하는 거죠.

📗 어제처럼 긴 수술을 하고 오면 힘이 다 빠져서 아무것도 할 수가 없어요. 멍하게 가만히 있어야 하는 시간이 필요해서 그런 시간을 보내고요. 춤추는 것도 좋아해서 대학교 다닐 때는 재즈 댄스를 좀 했었어요. 그때 재즈댄스 선생님이 저보고 춤추면서 왜 그렇게 계속 웃냐고 하셨거든요. 제가 춤출 때는 항상 웃나 봐요. 그래서

저도 알게 됐어요. '내가 춤을 정말 즐기고 있구나.'라고요. 춤을 추는 동안에는 진료 생각이나 수의사 관련된 것들에서 완전히 벗어나는 느낌이죠. 고민이나 복잡한 생각을 잊고 다른 사람들과 똑같이 춤에 온전히 취해 있을 수 있으니까요. 얼마 전까지는 재활 목적으로 필라테스를 했었어요. 어깨와 몸이 너무 아프고 거북목도 있어서 통증을 치료하려고 시작했는데 운동하는 동안에는 정말로 아프지 않았어요. 그런데 필라테스가 무게 운동이 동반되는데 마스크를 쓰고 하면 너무 숨이 차서 지금은 잠깐 쉬고 있는 상황이에요. 그리고 대학 때는 새벽 수영도 했어요.

📮 체력이 대단하시네요. 공부할 양이 엄청 많은 수의대를 다니면서 새벽 수영을 다니셨다고요?

🔷 집에 가만히 있는 게 죄악처럼 느껴지기도 하고, 청춘이 아까워서 뭐라도 해야 한다는 생각이 강해서 집에 잘 있지 않고 계속 나갔어요. 그래서 새벽 수영을 갔다가 아침에 수업을 들으면 너무 피곤했어요. 그런데 결론은 지금은 누워만 있어요. 그리고 만들기도 좋아해서 어릴 때는 우리 방울이 옷을 직접 만들었는데, 옷본을 뜨거나 전문적이지는 않았지만 대충 만들어서 입혀주는 것도 즐겨했고요. 태교 중에는 바느질하고 뜨개질하는 것도 좋아했는데, 제

법 잘해서 진로를 바꿔야 하나 고민할 정도였죠.

편 손으로 하는 것들에 감각이 좋으신 것 같아요. 수술도 그렇고요.

김 지금도 정말 만드는 걸 하고 싶은데, 제 취미생활은 다 손으로 하는 것들이더라고요. 그런데 수의사는 손에 무리가 가는 일을 많이 하니까 일을 안 할 때라도 손을 쉬어줘야 해서 제가 좋아하는 취미를 할 수 있는 게 별로 없어요.

편 재즈댄스는 어머님의 끼를 물려받으신 거죠? 사실 춤은 저도 좋아하는데 완전 몸치거든요. 그런데 춤을 보거나 뮤지컬 같은 건 정말 집중해서 보는 거예요. 볼 때마다 너무 멋있고, 심장이 뛰기도 하고요.

김 춤은 원래도 좋아했었고 다른 사람들도 제가 춤을 좋아하는 걸 알아서 교회 다닐 때도 제가 맡아서 하거나 춤을 출 일이 제법 많았어요. 얼마 전까지도 마포의 엄마들이랑 춤을 배우는 동아리를 했었어요. '춤을 추는 순간만은 육아에서 해방돼서 춤을 춘다.' 이런 의미로요. 그런데 시작하고 얼마 지나지 않아서 코로나가 터졌어요. 아무래도 모두 엄마들이니까 바이러스나 감염에 더 예민할 수밖에 없잖아요. 그래서 와해되긴 했지만 원래 목표는 열심히

재즈 댄스, 춤 동호회

연습해서 댄스 대회에 나가는 거였죠.

편 재미있게 사시네요. 선생님께 뿜어져 나오는 에너지도 너무 밝고 좋아요.

김 하나뿐인 인생이니까 후회 없이 다 하고 싶어요. 저도 남편도 자주 그런 얘기를 나누고, 더 많은 경험과 활동을 할 수 있도록 서로가 응원해 주고 있어요.

편 수의사로서 앞으로 또 다른 꿈이 있으신가요?

김 결혼을 하고 아기를 낳으면서 주변에 수의사 친구들한테도 얘기했어요. '나는 그럭저럭 사는 수의사가 될 거야. 욕심 때문에 내 삶을 망가뜨리지 않을 거고 정도正道를 걸을 거야. 그래도 경험은 중요하고 경험하는 걸 좋아하니까 어떤 것이든 나에게 오면 열심히 할 거야.'라고요.

편 그게 많이 어렵잖아요. 더군다나 무언가를 이루어 낸 후에는 조금만 노력하면 더 많은 것들을 쉽게 이룰 수 있다는 걸 아는데 그 욕심을 버린다는 건 사실 쉽지 않죠. 그걸 너무 일찍 깨달으신 거 아닌가요?

김 장녀 콤플렉스와 연계되어 있는 것 같아요. 제가 가족이나 부모님한테도 뭔가를 요구하는 게 어렵고 그렇게 훈련이 되어버렸어요. 그렇게 지내다 보니까 나만 좀 포기하면 된다고 생각했어요. 그래서 유학도 가고 싶었는데 말씀을 못 드렸죠. 사실 주변에는 그렇지 않은 친구들이 훨씬 더 많았어요. 건국대학교가 사립대인데 그

특성상 부유한 환경의 아이들이 많이 와요. 그런 환경에서 주변과 저를 계속 비교하면 한도 끝도 없는 거예요. 그리고 이러한 차이가 대학을 졸업하고, 사회생활을 하면서 더 커지는 것 같다고 느꼈어요. 그래서 저는 지금의 저한테 만족하면서 제가 누릴 수 있고 할 수 있는 것들을 하며 만족하기로 했어요. 그 생각들이 저를 더 단단하게 세워주고 행복하게 만들어 줬어요.

요즘 행복하세요?

편 선생님이 생각하는 행복은 어떤 건가요? 요즘 행복하세요?

김 대체로 행복하다고 생각해요. 만족스럽기도 하고요. 행복은 멀리 있는 게 아니고 소소한 데서 온다고 생각하거든요. 로또에 당첨이 된다거나 아니면 유명한 수의사가 되어도 그건 행복하고는 좀 멀게 느껴져요. 오히려 아주 소소하게 혼자 있는데 갑자기 기분이 좋아진다거나 아니면 날씨가 좋아서 기분이 좋거나 한 것도 행복이라고 생각해요.

편 그런 생각은 어떻게 하게 된 거예요?

김 행복에 대해서 이렇게 생각하게 된 거요? 그냥 삶에 대한 적응 아닐까요? 지금 삶에 감사해 하는 것도 삶에 대한 적응이고, 소소한 행복에 행복해하는 것도 삶에 대한 적응이고요.

편 많은 사람들이 오랫동안 경험하고 살아오면서 결론적으로 얻는 이야기잖아요. 책을 통해 얻으신 건지 아니면 다른 특별한 경험이 있으신 건지 궁금해요.

김 책을 많이 읽기도 했어요. 그런데 삶에서 늘 행복만 있지는 않 잖아요. 정말 고통스러운 시간들도 있고, 다 포기하고 싶을 정도로 힘든 일도 찾아오고요. 저도 그런 일들을 겪어내면서 그리고 주변 사람들의 얘기를 들으면서 체득한 것 같아요. 원래 감정 이입을 잘 하는 편이기도 해서 어떤 이야기를 읽던 완전히 빠져서 내가 그 주 인공이 되는데, 그래서 직접 살아보지 않아도 책을 통해 그 사람의 삶을 제가 산 것 같은 생각이 들 때가 많아요.

편 그렇게 감정 이입이 잘 되는 게 선생님의 생활에 도움이 될까 요. 아니면 힘든 요소가 될까요?

김 도움이 되기도 하지만 힘든 요소가 될 때가 많은 것 같아요. 그 래서 훈련이 같이 되어야 하는 거죠. 감정 이입을 했다가 딱 끊고 다시 새로 시작하는 걸 쉽지 않고 잘 해 내야 해서 어떤 때는 좀 정 신이 이상해질 것 같기도 해요. 예를 들면, 어떤 강아지를 보내서 너무 슬프고 힘들었다가도 새로운 다른 생명이 와서 또 기쁘고 행 복하니까 이렇게 정서가 왔다 갔다 해도 되나 싶을 때가 있거든요. 그래서 마음을 잘 챙기려고 해요.

이름 앞에 어떤 수식어를 갖고 싶으세요?

📝 앞으로 오래도록 선생님 이름 앞에 어떤 수식어를 갖고 싶으세요?

🔵 저도 그 질문에 고민을 많이 해봤어요. 많은 수식어가 있고 제가 저에게 바라는 많은 바람들이 있었는데 결론은 '따뜻한 수의사'예요. 그래도 지금은 친절한 수의사라는 수식어는 얻은 것 같아요. 그리고 우리동생 동물병원에 있으면서 정직한 수의사라는 수식어를 들을 수 있으니 고맙죠. 모든 생명은 끝이 있는데, 그 끝을 함께 보내고 나서도 따뜻하게 남아 있었으면 좋겠어요. 동물들한테도 보호자들한테도.

📝 이미 지금도 그러실 것 같아요.

Job
Propose 46

동물들이 말을 할 수 있다면
가장 듣고 싶은 말이 있으세요?

편 동물의 말을 번역하는 로봇이나 기계가 발명됐으면 좋겠어요.

김 이미 있던데요. 그 기계를 써본 사람들이 얘기하긴 하는데 번역이 맞는지는 잘 모르겠어요.

편 동물의 말을 정확하게 번역해 주는 기계가 발명된다면 동물들한테 무슨 말이 가장 듣고 싶으세요?

김 고맙다는 말을 들으면 너무 행복하겠죠. 하지만 정말로 절실히 듣고 싶은 말은 제가 내린 결정이 옳은 건지에 대한 대답이에요. 수의사가 되면 안락사를 결정해야 하는 순간이 찾아와요. 결정을 하기까지 많은 고민을 하게 되고요. 치료할 가망이 없다고 하더라도 이 아이가 괴로워서 이제는 정말 쉬고 싶은지, 아니면 괴롭더라도 보호자 곁에서 좀 더 지내고 싶은지 그 대답을 들을 수 있다면 좋겠어요. 안락사라는 건 해도 고민이고 하지 않아도 고민이거든요. 마음에 너무 오래, 그리고 많이 남아요.

편 경험이 많이 있으시겠네요.

김 네. 보냈던 동물들이 모두 기억나요. 마지막에 보호자와 나눴던 얘기들도 다 기억이 나니까요. 얘가 정말 아파할 때는 호흡수가 빨라지거나 낑낑거리는 소리를 낸다거나 아니면 의식이 없는 것처럼 행동하는 거로 여러 가지 힌트를 얻을 수는 있지만 이게 정확하지 않을 수도 있으니까 그걸 얘기해 줬으면 좋겠어요.

편 오래도록 기억에 남은 동물이 있으세요?

김 스무 살이 된 강아지라서 누가 봐도 나이가 굉장히 많았는데, 강아지의 모습을 보면 보호자가 자신의 강아지를 얼마나 애써서 돌봤는지가 보여요. 강아지가 똥오줌도 못 가리고 밥도 강제로 먹이는데도 불구하고 너무 깨끗한 거예요. 입 주변에 뭐가 묻어 있는 것도 없고 소변 자국이나 대변 자국도 묻어있는 게 없어요. 그건 수시로 계속해서 돌봐준다는 걸 의미하거든요. 강아지를 너무 아끼는 보호자였는데, 신부전도 있고 심장과 신장이 너무 아파서 살아갈 날이 긴 편은 아니었어요. 그리고 저희 병원의 특성상 24시 병원이 아니기 때문에 강아지를 계속 입원시킬 수가 없었어요. 아침에 데리고 와서 병원 문이 열려 있는 동안 수액을 맞고 처치를 하고 저녁에 데려가서 다음날 오전에 다시 오고 이런 식의 호스피스 통

원 치료를 꽤 오랫동안 지속했어요. 강아지가 그 시간을 다 버텨주었고 안락사 없이 마지막 시간을 다 보내고 갔어요. 그 시간들을 곁에서 함께 지켜보면서 좀 더 편히 보내주기 위해서 안락사를 선택해야 했을까라고 고민하게 되었던 것 같아요. 아프고 힘겨운 시간 동안 강아지가 너무 괴로웠을까 봐 그게 계속 마음에 남아요. 보호자도 너무 힘들어하셨어요. 강아지한테 모든 정성을 다했고 정말 잘해 주셔서 편하게 갔을 거라고 말씀을 드려도 마음을 잘 추스르지 못하셨어요. 강아지가 떠나고 난 후에 제가 보고 싶어도 병원에 오는 걸 너무 힘들어하셔서 다시 병원에 오지는 못하시더라고요.

📖 그분들도 안락사에 대해 고민을 하셨나요?

🗝 고민을 하셨죠. 그 고민은 많이들 하세요. 본인 욕심이 아닐까라고 많이 물어보세요. 그래서 그것 또한 저한테도 고민인 건데, 저는 강아지의 행동이나 증상에서 힌트를 얻을 수밖에 없고 그래서 보내줘야 할 것 같다는 의견을 드리죠. 그런데 선뜻 결정을 못 하세요. 그리고 며칠이 지나도 병원에 안 오시면 강아지가 마지막 시간을 보냈을 수도 있다는 느낌을 받죠.

수의사를 꿈꾸는 청소년들에게
해 주고 싶은 말이 있으실까요?

편 수의사를 꿈꾸는 청소년들에게 해 주고 싶은 말이 많으실 것 같아요.

김 이 책이 수의사라는 직업에 대한 책이고, 수의사의 꿈이나 목표에 대한 책이지만 이게 전부는 아닐 거예요. 꿈이라고 말하지만 꿈을 이루는 게 다가 아닌 거죠. 저도 공부만 하기도 바쁜 중고등학생 시기를 겪어봐서 너무나 잘 알고 있는데요. '이것만 이루면 나는 무조건 행복하고 너무 좋을 것 같아.'라고 생각하지만 그것보다 중요한 건 나 '자신'이거든요. 그래서 내 안에 좋은 것들을 많이 채우면서 꿈을 이루면 훨씬 더 좋을 것 같아요. 물론 어렵기는 하죠. 수의사라는 목표를 이루기 위해 지금의 나는 열심히 공부해서 수의대에 무조건 가야 하는데, 그 바쁜 시간 속에서도 내 안에 좋은 걸 채우기 위해 경험하고, 읽고, 참여하는 시간을 내기가 어려울 거예요. 그래도 생각을 많이 하는 게 좋을 것 같아요. 웹툰을 보거나, 영화를 보거나, 책을 읽거나, 공연을 보거나, 음악을 듣거나 하는 경험과 일상 속에서도 어떻게든 어떤 생각이든 해 내고 내 안에 좋은 것들을 채워가는 게 좋을 것 같아요.

수의사가 알려주는
동물 보호자로서 지켜야 할 다섯 가지

1. 병원에서 예민한 동물들을 위해 자기 개, 고양이를 잘 안고 있기

나의 반려동물이 소중하듯 남의 반려동물도 귀하죠. 내 반려동물이 최고고, 내 반려동물은 물지 않는다고 하는 분들이 제법 있어요. 그런데 이런 생각이 다른 사람을 불편하게 할 수도 있으니까 주의해 주세요.

2. 수의사에게 말할 것, 물어볼 것을 미리 생각해 오기 동물들은 말을 할 수 없으니까 보호자가 주는 정보가 굉장히 중요한데, 말해야 할 것을 말하지 못해서 놓치는 경우가 생기기도 해요. 미리 준비해 오면 훨씬 더 좋고요. 가끔 미안해하는 분도 계신데 물어볼 걸 다 적어오는 게 더 좋아요.

3. **수의사가 접근하기 전에 공격성 여부 알려주기** 이미 만지고 있는데 문다고 나중에 얘기하면 안 돼요. 저희도 사람인지라 아프고 싶지 않거든요. 공격성을 미리 알려주셔야 해요.

4. **"우리 애는 물지 않아요."라고 얘기하지 않기** 우리 애는 물지 않는다고 안심을 하지만 꼭 애들이 사나워야만 무는 게 아니거든요. 공포에 질리거나 뒷걸음질 칠 곳이 없을 때 지렁이도 꿈틀한다고 얘기를 하듯이 갑자기 돌변할 수도 있어요. 그래서 간혹 저희가 넥 칼라를 씌우거나 붙잡거나 하면 우리 애는 안 무는데 왜 이렇게까지 하냐고 하는 분들도 있는데요. 수의사가 안전을 위해 하는 건 이해해 주세요.

5. **미리 전화로 예약을 하고 병원에 가기** 애가 아픈데 무슨 예약을 하냐고 하는 분도 있는데, 응급 상황이면 할 수 없지만 그렇지 않다면 미리 전화 한 통 하고 가주세요.

수의사가 알려주는
응급처치 팁

응급은 ABCD만 기억하면 돼요.

A는 Airway 기도를 확보하는 건데, 경련을 일으키거나 갑자기 기절을 한 상황에서 쓸 수 있고, 일단 숨을 쉴 수 있게 목을 펴주는 거예요. 동물들의 기본자세는 옆으로 눕는 건데, 그때 고개가 아래나 위로 꺾이지 않도록 해서 호흡기를 잘 열어주는 거고요. 이때 가능하면 혀를 빼주고 거품 같은 게 있으면 닦아서 제거해줘서 호흡할 수 있는 통로를 뚫어주는 게 첫 번째 A가 되고요.

B는 Breath 숨을 불어 쉬는 거예요. 개는 입으로 숨쉬기보다는 주로 코로 숨을 쉬니까 코에다 바람을 불어 넣는 게 Breath가 될

거고요.

C는 Circulation 심장 압박을 해 주는 거예요. 만약에 몸통이 원통형으로 생긴 불도그 같은 애들은 사람처럼 누워서 심장 마사지를 하고, 그 외에 흉부가 좁고 긴 동물들이나 소형견들은 옆으로 누워서 하는 거고, 몰티즈는 등을 한쪽 손으로 받치고 엄지랑 나머지 손으로 심장을 마사지해 주는 게 방법이에요. 흉부가 큰 대형견은 압박을 다르게 하는데요, 13kg 강아지까지는 0.5~1인치의 깊이로 한 번 호흡을 불어 넣고 다섯 번 심장 압박을 하면 돼요. 몸무게가 더 나가면 1~3인치 정도의 깊이로 압박하고요.

심장은 갈비뼈 안에 있으니까 갈비뼈를 누르는 거예요. 그래서 너무 세게 누르면 갈비뼈가 부러지는 상황이 생길 수도 있어요. 그건 사람도 마찬가지고요. 갈비뼈가 부러져서 오히려 출혈을 유발할 수도 있으니까 너무 세게는 하면 안 돼요. 1cm만 들어갔다 나갔다 해야 하는데 응급 상황이 닥치면 잘 생각나지 않죠. 그래서 잘 기억해 두고 있다가 응급 상황이 생기면 최대한 Circulation을 하면서 병원에 오셔야 해요.

그리고 음식물이 기도로 넘어가 질식한 경우에는 하임리히법을 사용해야 해요. 한쪽 손으로 받치고 복부, 명치 있는 데를 확

잡아 올리는 방법이 있어요.

D는 Drug 마지막은 약을 써야 하는데 집에서 판단하고 제조해서 먹일 수는 없겠죠. 앞에 말씀드린 ABC를 처치하면서 가까운 병원으로 달려가야죠. 그래서 가까운 병원이 어디에 있는지, 혹시 모를 상황을 대비해 24시 병원의 위치를 미리 알고 있는 것도 중요해요. 혹시 병원이 별로 없는 외진 지역이라면, 전화로 상황을 설명하고 물어볼 수 있는 24시 병원이 있는지도 미리 알아두는 게 좋아요.

수의사가 되기 전
동물들을 위해 우리가 할 수 있는 일

사실 조금 어려운 게 꼭 길고양이한테 밥 주는 걸 생각하는 사람
이 꽤 있는데, 이게 분란을 많이 일으키기도 하더라고요. 저도
많이 고민해 보기도 했고요. 내가 야생에서 살아가는 동물과 다
른 사람들과의 관계를 더 엉망으로 만들 수 있다는 걸 고민해야
해요. 가벼운 마음으로 밥만 주는 건 안 돼요. 밥을 주기 시작하
면 생태계의 변화가 나타날 수 있거든요. 길고양이의 생태계는
먹이를 따라서 이동해요. 때문에, 먹이를 모아주는 그 자리에 따
라서도 생태계가 달라질 수 있어요. 그리고 먹이를 준다면, 변화
된 생태계를 계속 책임져 줄 수 있어야 해요. 이건 장소 등의 분
쟁까지 생기지 않도록 책임질 수 있어야 한다는 의미예요.

예를 들어, 남의 집 앞에 먹이를 계속 준다거나 하면 충분히

문제의 소지가 생길 수 있잖아요. 이런 점을 주의하셔야 하고요. 그리고 법적으로도 밥을 챙겨주는 고양이가 만약 재물 손괴를 입혔으면 밥을 주는 사람이 주인으로 간주될 수도 있다고 해요. 길고양이가 차에 올라가서 흠집을 내거나 했을 때, 차주가 그 고양이에게 밥을 준 캣맘한테 소송을 걸면 배상을 해야 할 수도 있다는 거죠. 이런 점들을 고려해 보면, 그렇게 간단하게만 생각하고 접근할 게 아니에요. 그래서 문제를 일으키지 않고 길냥이들에게 밥을 줄 수 있는 방법은 이웃들의 동의하에 정해진 곳에서 밥을 주는 것, 자신의 집 앞이나 사무실 앞에서 밥을 주는 것, 지역에 따라 자치구에서 지정한 고양이 급식소에 사료를 놓는 거예요.

　모금을 하는 것도 우리가 동물들을 위해 할 수 있는 일 중에 하나지만, 불미스러운 사태가 더러 발생하기도 해요. 그래서 모금이 전부가 아니라 모금된 금액이 정직한 단체에 의해서 도움이 필요한 동물들에게 잘 사용되고 있는지 계속 관심을 가져야해요. 단체명을 몇 가지 말씀드리면, 카라나 동물자유연대, 나비야 사랑해, 다음 카카오에서 하는 가치같이, 그리고 우리동생도 있고요.

　보호소에서 봉사를 할 수도 있어요. 보호소가 생각보다 손길을 많이 필요로 하는데, 의학적인 손길 말고도 청소와 밥 주기, 씻기기, 놀아주기 또한 아주 큰 도움이 되거든요. 봉사에 관심이 있고, 강아지를 접해 보고 싶은 마음이 있다면 보호소 봉사를 해 보는 것도 방법이에요. 임시보호도 방법이 될 수 있어요. 임시보호 자리를 구하는 곳은 정말 많거든요.

청소년들의 진로와 직업 탐색을 위한
잡프러포즈 시리즈 46

수의사라서
행복한 수의사

2024년 9월 2일 | 초판5쇄

지은이 | 김희진
펴낸이 | 유윤선
펴낸곳 | 토크쇼

편집인 | 김현정
교정 교열 | 박지영
표지디자인 | 이민정
본문디자인 | 김연희
마케팅 | 김민영

출판등록 2016년 7월 21일 제2019-000113호
주소 | 서울시 마포구 월드컵북로98, 2층 202호
전화 | 070-4200-0327
팩스 | 070-7966-9327
전자우편 | myys327@gmail.com
ISBN | 979-11-91299-50-2 (43190)
정가 | 15,000원